まえがき

この9月、フランスで開かれた国際会議に参加するためにパリを訪れた。到着ロビーにはTIC（観光案内所）が設置され、英語や主要言語に加え、日本語のパリのマップも完備されていた。しかし、特に「おもてなし」度の高さは感じられなかった。空港がとびきり綺麗なわけでもない。また、空港から一歩外に出れば、街はゴミだらけ。都心へと向かう街のいたるところは、落書きだらけ。空港から乗ったタクシーの運転手（その後の滞在期間中のほどんどの運転手）は特に愛想がいいわけではない。こちらから「ボンジュール（こんにちは）」とあいさつしても、返事もない。そして街中は、タバコの路上喫煙だらけでけむく、吸い殻がどの路地にも散乱していた（その分、屋内はどこも禁煙で、この点は良かった）。

もちろん、それでも観光大国フランスは、観光新興国〝ジャパン〟からみれば、遥かに仰ぎ見る巨人的存在だ。実際、訪仏外客は、8370万人〔2014年UNWTO〕。凄まじい数だ。世界一である。（ちなみに、2014年の訪日外客は1341万人。）また、ため息が出るほど見事な世界遺産クラスの重厚な石造りの建造物・観光資源が市中・国中にてんこ盛りだ。フランス料理・フランスワイン・フランスチーズ・フランスパン、スウィーツ、どれも垂涎の美味。インバウンドにおいて、フランスが遥か先方を走る世界のトップランナーであることはいうまでもない。実際、フランスのファビウス外相兼国際開発（観光）相は去る8月20日に記者会見の場で、2015年にフランスを訪れる観光客の数が8500万人を突破し、過去最高を記録するとの見通しすら示していた。まだまだ、伸びしろがあるというのだ。

私の今回のパリにおける滞在期間はわずか4日間（あとは機中泊）。それでも仕事の合間にパリのあちこちを観て回った。凱旋門前では、アジア系外国人観光客のスマホでの自撮りのオンパレード。シャンゼリゼ通り、有名百貨店「ギャラリー・ラファイエット」、ルーブル美術館、セーヌ川沿いなどは、中華系・中東系、そして世界中からの外客でどこも溢れていた。高級ブランド各店は中国人観光客の大行列で、根こそぎ「爆買い」されていた。1ユーロ＝約136円という円安のせいもあって、パリの物価を途方もなく高く感じた（それでも、世界的に見れば、ユーロ安なのだが）。中心部の高級ホテルは軒並み、1泊1室20万円超。それでも予約が取れない状況だという。世界中の富裕層が期待を裏切らない高質サービスと安全を求めて殺到している（一方、庶民の私は、当然郊外の安宿に泊まった。それでも、１泊約２万円）。食事・カフェ・タクシー代も驚くほど高い。あっという間に財布が軽くなった。たしかに、街で食べる料理はどれもうまかった。さすがに上述のとおりの美食の国だ。何気ない朝のカフェのサンドがふつうに美味い。限りのある小遣いのため、高級なレストランは敬遠したが、中程度のクラスの店でもうなるほど美味かった。そしてどの店もスタッフが明るく、元気に接客していた（ただし、必ずしもおもてなし度そのものは高くない。いつも顧客の有無お構いなしに仲間内でぺちゃくちゃしゃべっている）。

さて、今回の国際会議「Forum France-Japan」は、観光分野におけるイノベーションがテーマだった。日仏双方の登壇者から刺激的なプレゼンテーションが行われた。日本からは、旅行会社エイチ・アイ・エス会長の澤田秀雄氏や星野リゾート社長の星野佳路氏、ＪＲ九州常務の後藤靖子氏ほか著名な方々が登壇され、フランス側からも官民の有名人が揃っていた。濃密な議論が長時間交わされ、会場は盛り上がった。私は、持論であるインバウンドにおける「地域連携」の重要性を熱っぽく語った。そして同時に、興奮と緊張の中で、少しでも多くのことを吸収しようと日仏の各登壇者の発言に耳を傾けた。

「ブランド」。まさにこれが今回の国際会議のキーワードだった。特にフランス側のスピーカーは、「これから必要なことは、「自社ブランドの確立だ」、とか「自地域ブランドの創造だ」などと、この「ブランド」という言葉を誰もが何回も何回も口にした。私は、はっとした。ちょっとした「悟り」を開いた。「なるほど。この国は、そもそもルイ・ヴィトン、エルメスなどをはじめ世界中の富裕層を魅了する超高級ブランド品、ボルドーやシャンパーニュのような高級酒などで、外貨をいっぱい稼いでいる「ブランド」大国だったのだ！」そして、「彼らはこの商品のブランド戦略を訪仏観光分野にも強い意思をもって適用しようとしているだけなのだ」という、思えばごくごく当然の事実に気づいたのだった。

そもそも、ブランドとは何か。ブランドとは語源的には「焼印」を意味していた。放牧している家畜に己の所有物であることを示すための識別用の焼印だった。まさに、ブランドとは差別化戦略なのだ。経営学分野においては、ブランド価値は「超過収益力（excess earning power）」と表現される。ある会社が他社とほぼ同程度のサービスや商品を販売している際、それを他社よりも高値で売れる時、その差別化はブランド価値に基づいている、とされる。他社よりも高く売れる値段の差額が超過収益力である。

ところで、わが日本は、１９９０年のバブル崩壊後、失われた25年という長いデフレの時代を経て、いつの間にか、貧乏性（安いモノが好き）の国になっている。各種製品・サービスの値段がどんどん安くなった。日本ほど安価で美味しい外食チェーンが溢れている国はない。円安もあいまって、わが国は世界の標準からみればガラパゴス化した、格安なものだらけの国に成り下がっている。ブランド価値よりも、まず価格なのだ。先ほど述べたとおり、パリの会場に何回も響く「ブランド」というキーワードと、会場外の街に溢れていた高価なブランド品とサービスの渦の中で、私はいまの日本に必要なのは、まさにこの「ブランド戦略」だと気づいたのである。訪日外客による特需や爆買いなどに浮かれている場合ではない。今の日本に足りないもの、それはブランド力、そしてこの超過収益力である。

フランスでは、この「ブランド」の確立のため、莫大な労力と知恵を結集し、さまざまな分野の超一流のクリエーターやデザイナーやシェフやその他の専門家が日夜心血を注いでいる。まさに、「エリート（仏:élite）＝選ばれた人」を大事にする国なのだ。ブランドは、ほかでもない、そのブランドと同等以上の価値を持つ人間集団だけが創出できるのだ。私は、わが国の観光立国の実現のためには、「プレミアム・ジャパン」、「付加価値の高いブランド戦略」への集中、そして何よりも高度な国際観光人材「インバウンド・エリート」

の育成こそ、最優先の課題なのだという新たな発想を、このブランド大国フランスで得た。日本では、サービス産業の地位は必ずしも高くないが、フランスでは違う。格式あるホテルの総支配人は、町の名士として、特に尊敬されており、ステータスが高い。レストランのシェフもウェイターもソムリエもバーテンダーも専門職として優秀な人材の給料も高い（だからその分、料金も高いのだろうが）。日本でも、すべてのサービス分野で、高度な人材を育成し、高い質を実現し、高い報酬と高い満足の得られる専門分野へと育てていかなければならない。そして、最優秀な人材がこの国際サービス産業にこぞって参入して来たくなる産業分野にしていかなければならないと、このパリで改めて、強く感じた。

フランスも今、日本に比べればまだましなものの、必ずしも景気がいいわけではない。ユーロ圏でドイツに次ぐ2番目の経済大国フランスの景気回復の足取りは鈍い。フランス国立統計経済研究所（ＩＮＳＥＥ）の２０１５年夏の発表によると、２０１５年第２四半期の実質ＧＤＰ成長率は前期比0.0％、マイナス成長の日本よりはまだましだが、停滞している。雇用環境も依然厳しく、移民問題もあり２０１５年４月現在の失業率は10・09％（ＩＭＦ調べ）。日本の失業率（３・69％）よりもはるかに高い。実際、フランスでは、25歳未満の若年者失業率は22・５％に達するという（欧州委員会統計局）。五人の若者のうち、一人が職に就けない状態だ。今回の訪仏で知ったことだが、案外フランスはこれまで、必ずしも観光立国に本気ではなかったという。それが、前出のファビウス外務大臣が２０１４年から国際開発（観光）大臣を兼ねるようになって以来、インバウンド観光戦略が本格化したという（以前は、国際空港や主要観光地にすら観光案内所がなかったようだ）。フランスは観光大国ではあったが、実のところ観光立国の国ではなかったのだ。しかし、今は違う。目の色を変えて、訪仏インバウンド観光客の誘致に本腰を入れ始めている。訪仏観光で停滞する経済を打開しようと必死なのだ。引き離されることなく、むしろキャッチアップしていくためには、日本はさらに本気の観光立国革命を進めていかなければならない、と改めて強く思う。

本書では、「インバウンド3.0」の実現に向け、現下の日本のインバウンドのブーム的盛り上がりへの安易な追従への警鐘と共に、持続可能（サステナブル）なインバウンド戦略、そしてそのための具体的な処方箋を第1章から5章までにまとめた。また、各章の末尾には「トピックス」を用意した。本文中では触れられていない、最新のキーワード・トレンドについて具体的にまとめている。本文とあわせて、お読みいただければ幸いである。

第6章には、日本を代表する、観光立国実現のための専門週刊誌『トラベルジャーナル』で今も連載中の「視座」のうち、前著『インバウンド戦略～人口急減には観光立国で立ち向かえ』（時事通信社刊、2014年）に頁数の兼ね合いから割愛したため、収録し切れなかったコラムを2015年9月7日号まで余すところなくすべて収録した（コラムに興味のある方は、前著そして前々著『ドン・キホーテ流観光立国への挑戦～激安の殿堂が切り拓くアジア観光交流圏という大市場』（メディア総合研究所刊、2012年）も併せてお読みいただければ幸いである）。各コラムには本文中の記述と重複する内容もあるが、それはそれだけ一段と筆者が改めて今回強く世の中に伝えたい内容なのだとご寛恕いただければ幸いである。それぞれの「視座」のコラムには元の雑誌の掲載年月日を付した。今とは状況や数値が違う部分もあろうかと思うが、執筆された時期と照らし合わせて読んでいただければ幸いである。ただし、本質的な哲学・主張には、今読み返してみても改めて自説を変えるべき部分は見当たらない。

2015年9月吉日

中村好明

目次

第2章　日本はいま？　ほら、あなたのそばにも危機が

第3章 お・も・て・な・しニッポンの課題と可能性

第4章 観光立国革命を起こそう

第5章　インバウンド観光と公共哲学

第6章 トラベルジャーナル「視座」

第1章

インバウンド3.0の衝撃！

第1節　パラダイムシフトの重要性

■全品免税で2.0時代に突入

今日本は、インバウンドの空前の活況に沸いている。2014年の訪日外国人客数は過去最高の1341万人となった。2015年1～8月累計で1287・5万人（前年比49・1％増）を突破し、9月10日現在ですでに昨年の実績を抜いた。このままの勢いで推移すれば、この2015年には政府が2020年の目標数値に掲げている2000万人に迫る1900万人台に乗るのは確実だろう。2015年7月単月の訪日外国人客数は過去最高の192万人を記録した。さらに、2015年2月に初めて月別の訪日外客数が日本人出国者数を上回って以来、4月からこの8月まで、訪日客数が出国者数を連続して上回っている。2015年は1900万人台の達成とともに、1966年以来、半世紀ぶりに年間でインバウンドがアウトバウンドを逆転することになる。日本の旅行市場の歴史を振り返れば、まさに戦後日本において画期的な事象といえる。ニュース番組やドキュメンタリー番組を視れば、中国人観光客を中心とした「爆買い」、全国各地を自由に闊歩する欧米人観光客の様子が毎日のように目に飛び込んでくる。新聞、雑誌でもインバウンドの集客に成功した企業、商店街の成功事例が頻繁に特集され、新しいビジネスチャンスをつかめとあおり立てている。中村のもとにも、毎週のように各メディアからインタビューの依頼が舞い込んでくる。

たしかに２０１４年から実体経済の鈍化とはうらはらに急騰していた中国上海市場は２０１５年6月15日を起点に一夏の間に乱高下し、中国経済の変調ぶり、つまり高度経済成長期から安定成長期への移行をあぶりだした。また、中国政府は、２０１５年8月には人民元の切り下げを行い、いわゆるインバウンド関連株をはじめ、日本のみならず世界の株式市場を大きく揺さぶった。しかし、訪日観光客数も、免税売上も実態として、ほとんど影響なく、増えることはあっても減ることはない状況だ。すべては一過的、短期的な現象に過ぎない。実体経済から離れて株式相場が高騰すれば、当然調整がおきる。インバウンド関連株も、実力以上の評価だったから下がったのであり、一喜一憂する必要はまったくない。

この7年間、リーマンショックや東日本大震災、尖閣諸島・竹島問題などで、インバウンド産業は壊滅的ともいうべき危機に瀕していた時期もあったが、現在インバウンドは復調どころか、過去最高を更新している。中長期のトレンドからみれば、中国を含めアジアの新興国の実質的成長は不可逆的であり、アジア・太平洋地域の国際観光市場の拡大と連動して、訪日インバウンド市場がさらに伸長すると予想できる。目先の表層的な浮き沈みに翻弄され、インバウンド戦略を逡巡（しゅんじゅん）する必要などない。（もちろん、世界経済の動向を見極め、訪日客マーケットのニーズの変化に、常に細心の注意を払うべきことは当然のことだが）。

私は、この高まりとうねりを「インバウンド2.0」の時代として位置付けたい。このインバウンド2.0は、「ビジット・ジャパン・キャンペーン（ＶＪＣ）事業」が始まった２００３年から２０１３年までの10年間を「インバウンド1.0」と位置付けたときの、後継世代の概念である。

インバウンド1.0時代は、２００３年に当時の小泉純一郎首相が施政方針演説で「観光立国」について言及したのをきっかけにスタートした。行政を中心に、運輸事業者、ホテルや旅館などの宿泊施設、旅行会社といった従来の観光業者（これを私は「狭義の観光業」と名付ける）が主体となって海外の観光見本市へのメディアや旅行関係者の招請事業を中

【図1】2014年1月～12月　国・地域別 / 目的別 訪日外客数（暫定値）

作成：日本政府観光局(JNTO) /Compilation: Japan National Tourism Organization

国・地域	Country/Area	総数 Total 2013年 1月～12月 Jan.-Dec.	総数 Total 2014年 1月～12月 Jan.-Dec.	総数 Total 伸率 % Change	観光客 Tourism 2013年 1月～12月 Jan.-Dec.	観光客 Tourism 2014年 1月～12月 Jan.-Dec.	観光客 Tourism 伸率 % Change	商用客 Business 2013年 1月～12月 Jan.-Dec.	商用客 Business 2014年 1月～12月 Jan.-Dec.	商用客 Business 伸率 % Change	その他客 Others 2013年 1月～12月 Jan.-Dec.	その他客 Others 2014年 1月～12月 Jan.-Dec.	その他客 Others 伸率 % Change
総数	Grand Total	10,363,904	13,413,467	29.4	7,962,517	10,880,604	36.6	1,464,850	1,537,114	4.9	936,537	995,749	6.3
アジア	Asia Total	8,115,789	10,819,211	33.3	6,452,906	9,050,505	40.3	910,832	963,276	5.8	752,051	805,430	7.1
韓国	South Korea	2,456,165	2,755,313	12.2	1,974,117	2,285,069	15.8	334,026	326,075	−2.4	148,022	144,169	−2.6
中国	China	1,314,437	2,409,158	83.3	704,737	1,753,572	148.8	234,764	269,334	14.7	374,936	386,252	3.0
台湾	Taiwan	2,210,821	2,829,821	28.0	2,067,269	2,674,425	29.4	105,645	111,815	5.8	37,907	43,581	15.0
香港	Hong Kong	745,881	925,975	24.1	708,997	886,308	25.0	32,196	33,996	5.6	4,688	5,671	21.0
タイ	Thailand	453,642	657,570	45.0	392,856	599,690	52.6	37,683	35,455	−5.9	23,103	22,425	−2.9
シンガポール	Singapore	189,280	227,962	20.4	158,753	194,092	22.3	27,371	30,356	10.9	3,156	3,514	11.3
マレーシア	Malaysia	176,521	249,521	41.4	140,484	211,898	50.8	25,620	26,555	3.6	10,417	11,068	6.2
インドネシア	Indonesia	136,797	158,739	16.0	101,726	120,535	18.5	18,323	19,017	3.8	16,748	19,187	14.6
フィリピン	Philippines	108,351	184,204	70.0	68,720	136,561	98.7	17,257	21,005	21.7	22,374	26,638	19.1
ベトナム	Vietnam	84,469	124,266	47.1	26,402	41,375	56.7	14,265	20,240	41.9	43,802	62,651	43.0
インド	India	75,095	87,967	17.1	23,265	29,035	24.8	33,159	37,945	14.4	18,671	20,987	12.4
イスラエル	Israel	14,478	18,808	29.9	9,448	13,481	42.7	4,566	4,688	2.7	464	639	37.7
トルコ	Turkey	12,464	14,766	18.5	7,172	8,675	21.0	3,665	4,155	13.4	1,627	1,936	19.0
その他アジア	Asia Unclassified	137,388	175,141	27.5	68,960	95,789	38.9	22,292	22,640	1.6	46,136	56,712	22.9
ヨーロッパ	Europe Total	904,132	1,048,731	16.0	563,403	691,856	22.8	261,191	273,874	4.9	79,538	83,001	4.4
英国	United Kingdom	191,798	220,060	14.7	116,750	145,047	24.2	56,708	57,002	0.5	18,340	18,011	−1.8
フランス	France	154,892	178,570	15.3	103,045	123,003	19.4	37,693	40,740	8.1	14,154	14,827	4.8
ドイツ	Germany	121,776	140,254	15.2	58,479	72,545	24.1	54,693	58,131	6.3	8,604	9,578	11.3
イタリア	Italy	67,228	80,531	19.8	44,132	56,475	28.0	18,261	19,162	4.9	4,835	4,894	1.2
ロシア	Russia	60,502	64,077	5.9	40,347	41,796	3.6	13,193	14,861	12.6	6,962	7,420	6.6
スペイン	Spain	44,461	60,542	36.2	34,443	49,202	42.9	7,196	8,016	11.4	2,822	3,324	17.8
スウェーデン	Sweden	36,206	40,125	10.8	22,701	26,790	18.0	10,806	10,276	−4.9	2,699	3,059	13.3
オランダ	Netherlands	33,861	39,866	17.7	19,613	25,209	28.5	12,514	12,827	2.5	1,734	1,830	5.5
スイス	Switzerland	28,322	33,150	17.0	20,368	24,689	21.2	6,646	6,914	4.0	1,308	1,547	18.3
ベルギー	Belgium	16,558	18,934	14.3	9,361	11,568	23.6	6,096	6,310	3.5	1,101	1,056	−4.1
フィンランド	Finland	16,523	19,661	19.0	11,391	14,036	23.2	4,115	4,520	9.8	1,017	1,105	8.7
ポーランド	Poland	15,525	17,883	15.2	11,427	13,124	14.9	2,647	3,151	19.0	1,451	1,608	10.8
デンマーク	Denmark	15,065	17,901	18.8	8,868	11,463	29.3	5,450	5,602	2.8	747	836	11.9
ノルウェー	Norway	14,085	15,230	8.1	9,848	11,006	11.8	3,541	3,360	−5.1	696	864	24.1
オーストリア	Austria	13,015	15,398	18.3	7,364	9,292	26.2	4,411	4,898	11.0	1,240	1,208	−2.6
ポルトガル	Portugal	11,604	14,439	24.4	9,661	12,345	27.8	1,553	1,709	10.0	390	385	−1.3
アイルランド	Ireland	11,258	12,596	11.9	5,896	7,386	25.3	3,879	3,813	−1.7	1,483	1,397	−5.8
その他ヨーロッパ	Europe Unclassified	51,453	59,514	15.7	29,709	36,880	24.1	11,789	12,582	6.7	9,955	10,052	1.0
アフリカ	Africa Total	26,697	28,336	6.1	8,847	11,377	28.6	6,701	7,130	6.4	11,149	9,829	−11.8
北アメリカ	North America Total	981,981	1,112,317	13.3	670,534	791,820	18.1	240,159	246,126	2.5	71,288	74,371	4.3
米国	U.S.A.	799,280	891,668	11.6	526,768	611,075	16.0	214,076	219,240	2.4	58,436	61,353	5.0
カナダ	Canada	152,766	182,865	19.7	122,602	152,005	24.0	20,707	21,150	2.1	9,457	9,710	2.7
メキシコ	Mexico	23,338	30,436	30.4	17,957	24,799	38.1	3,812	4,037	5.9	1,569	1,600	2.0
その他北アメリカ	North America Unclassified	6,597	7,348	11.4	3,207	3,941	22.9	1,564	1,699	8.6	1,826	1,708	−6.5
南アメリカ	South America Total	49,930	56,873	13.9	35,446	41,404	16.8	8,280	8,506	2.7	6,204	6,963	12.2
ブラジル	Brazil	27,105	32,310	19.2	19,565	24,006	22.7	4,689	4,808	2.5	2,851	3,496	22.6
その他南アメリカ	South America Unclassified	22,825	24,563	7.6	15,881	17,398	9.6	3,591	3,698	3.0	3,353	3,467	3.4
オセアニア	Oceania Total	284,886	347,339	21.9	231,134	293,258	26.9	37,653	38,171	1.4	16,099	15,910	−1.2
豪州	Australia	244,569	302,656	23.8	202,337	259,968	28.5	30,732	31,251	1.7	11,500	11,437	−0.5
ニュージーランド	New Zealand	36,954	41,622	12.6	27,186	32,019	17.8	6,280	6,257	−0.4	3,488	3,346	−4.1
その他オセアニア	Oceania Unclassified	3,363	3,061	−9.0	1,611	1,271	−21.1	641	663	3.4	1,111	1,127	1.4
無国籍・その他	Stateless	489	660	35.0	247	384	55.5	34	31	−8.8	208	245	17.8

◆注1：「訪日外客」とは、国籍に基づく法務省集計による外国人正規入国者から日本に永住する外国人を除き、これに、日本を経由して第三国へ向かうため日本に一時的に入国した通過客（一時上陸客）を加えた入国外国人旅行者のことである。「観光客」とは、短期滞在の入国者から「商用客」を引いた入国外国人で、親族友人訪問を含んでいる。「その他客」とは、観光、商用目的を除く入国外国人で、留学、研修、外交・公用などが含まれる。

◆注2：本資料を引用される際は、出典名を「日本政府観光局(JNTO)」と明示してください。

◆Note: If reproduced, your credit line to JAPAN NATIONAL TOURISM ORGANIZATION is mandatory.

出典：日本政府観光局

心とした誘客プロモーションが行われ、訪日客の増加が見込める国や地域を「促進重点国・地域」などとして定め、国費や県費などの税金を投じ、特定地域でインバウンド観光の振興に取り組んできた。

それが、現在のインバウンド2.0時代では、大型商業施設や小売りチェーン、ＩＴ企業といった新たな民間商業者など実に様々な業種の企業（これを「広義の観光業」と名付ける）が参入し、官民、地域が連携した取り組みがカギとなって市場を拡大するようになった。訪日客の訪問先もそれまでは東京、大阪、京都、富士山、いわゆるゴールデンルートとよばれる特定地域・ルートに限られていたものが、最近では、大都市圏・定番ルートに加え、温泉、雪遊び、伝統文化体験などを求めて地方を訪れる外国人が急速に増えるようになったのだ。

ドン・キホーテグループとして出展する海外の見本市や商談会では、全国各地の多言語マップやマガジンを使ってプロモーションをしているが、最近海外の現場で異変が起きている。従来は東京や大阪を希望する声が圧倒的だったが、現在では島根・鳥取、鹿児島、北陸などのような、かつては最後まで残っていた地域のマップやマガジンからなくなっていくのだ。インバウンドは、個々の事業者や町だけでは成功できない。民間業者の参入とともに、「点」のマーケティングではなく、「面」のマーケティング、集客戦略に取り組むための地域連携、広域連携がインバウンド2.0の新潮流を生み出した。

インバウンド1.0から2.0へと移り変わる最大の転機となったのは、2014年10月1日から始まった、外国人観光客への「全品免税制度」である。消費税免税販売制度が改正され、訪日外国人観光客であれば、一定の条件をもとに全品が免税の対象品目になった。これに、ビザの発給条件の緩和、円安、アジアの訪日客の所得上昇、日本製品に対する信用度の高まりなどの要素が加わり、中国人観光客を中心に、いわゆる「爆買い」現象が起きて、訪日客の消費力、すなわちインバウンドＧＤＰ（国内総生産）のパワーがお茶の間にも広く知られるようになった。

この現象はサービス業全体に広がっている。東京の表参道などは、髪をカット、パーマ、トリートメントしてもらいに訪れた外客であふれている。大阪の道頓堀でお好み焼きを食べていても、周りはほぼすべて外国人。特に韓国や台湾など、アジアからの観光客だらけだ。今や訪日観光のすそ野は幅広い産業分野（これが前述した広義の観光産業である）に及んでいる。

訪日客のショッピング消費の急増は、数字でも明らかになっている。2014年の訪日外国人旅行における旅行消費額は前年比43・1％増の2兆278億円で、初めて2兆円を突破した。なかでも大きく伸びたのが買物代だ。費用の内訳では買物代が35・1％でトップとなり、初めて前年1位だった宿泊費（30・1％）を上回った。2015年に入り、その勢いはさらに増している。

ショッピングを目的とした旅行のことを「ショッピング・ツーリズム（Shopping Tourism）」という。しかし、ショッピングは、「アーバン・ツーリズム（Urban Tourism）」、すなわち都市観光の一部でしかない。もちろん、ショッピングは、都市観光の魅力を高める最も重要な要素であり、シンガポールや香港、ドバイ、韓国などは、毎年決まった時期に大型セール・フェスティバルを開催し、外国人観光客の誘客につなげている。私がインバウンドの世界に飛び込んだ頃はこのポテンシャルを訴えても共鳴してくれる人はほとんどいなかった。それが今や、「爆買い」の光景、さらにはマナー問題や過度のインバウンド市場依存などの影の部分までもが毎日のように報道される時代である。アジアや欧米の観光大国に比べれば、日本の取り組みは緒についたばかりであるものの、日本でもようやくショッピング・ツーリズム、そしてアーバン・ツーリズムのポテンシャルが注目されるようになってきた。ちなみに、アーバン・ツーリズムとは、都市のさまざま

【図2】観光庁「訪日外国人消費動向調査2014年年間値（確報）

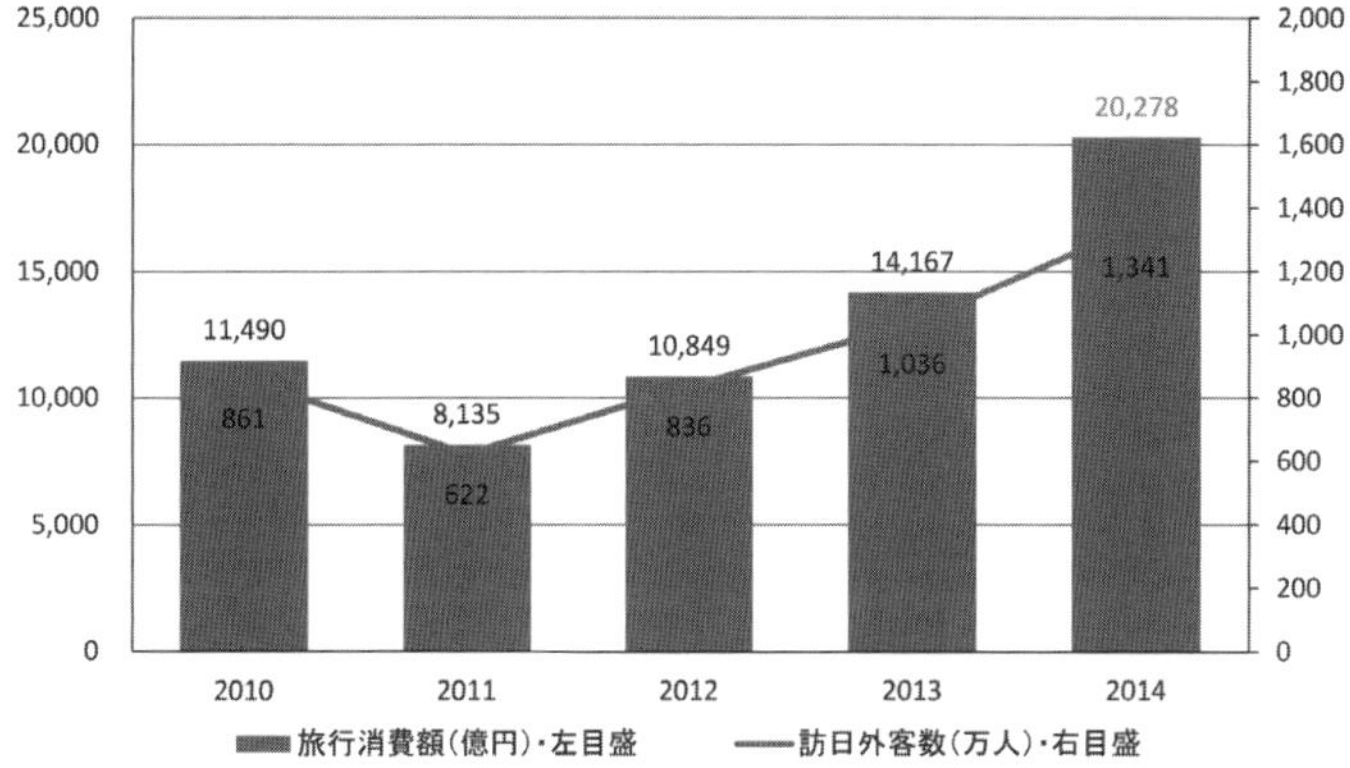

※2014年の調査より、インドネシア、フィリピン、ベトナムの3ヶ国を調査対象に追加した。

出典：観光庁

【図3】費用内訳別・国地域別の円グラフ　出典：観光庁

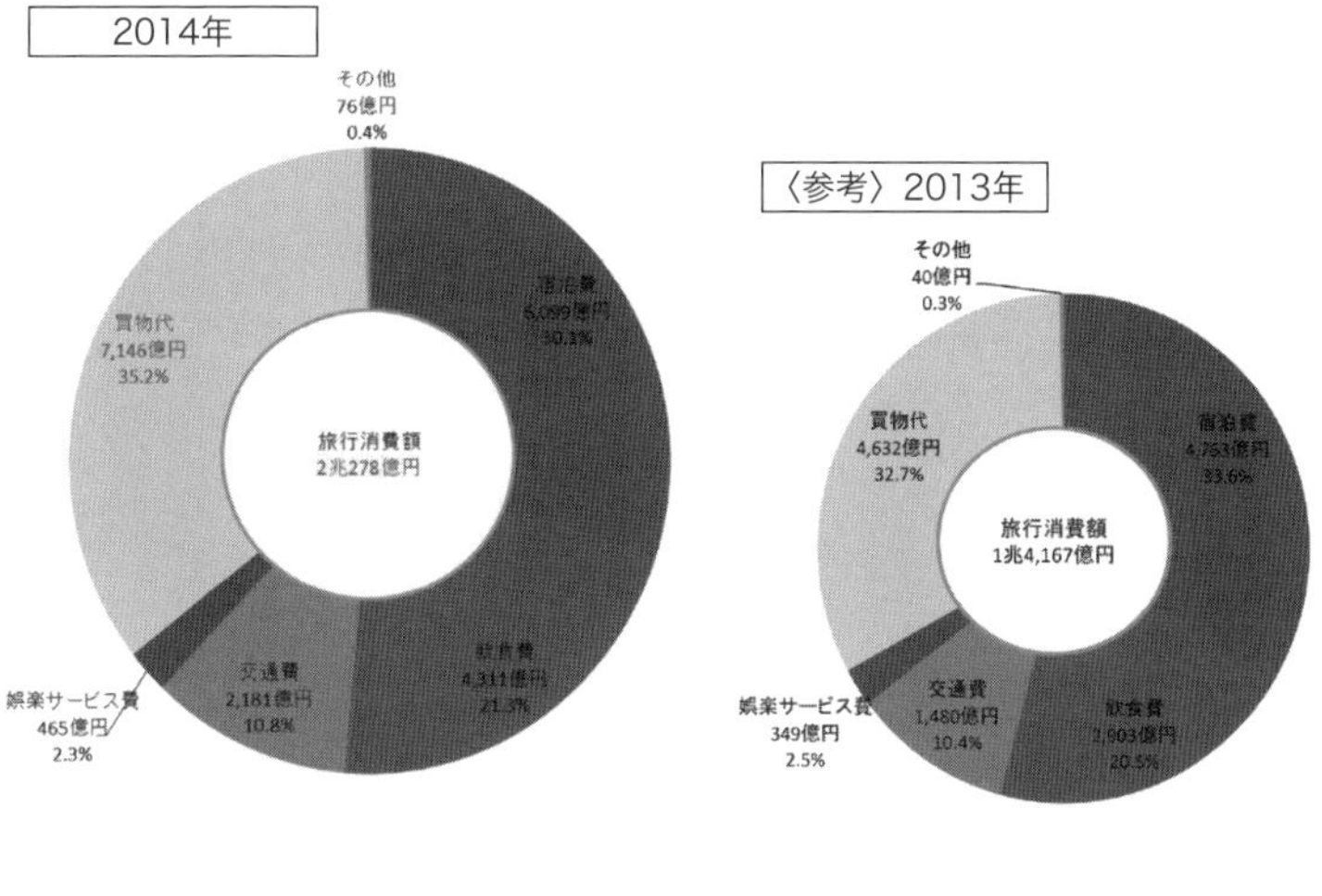

な要素、すなわちショッピング・グルメ・エンターテイメント・宿泊・人々との触れ合いなど集積された賑わいそのものを享受する旅のことをいう。これからの日本のインバウンド振興において、もっとも大事な概念の一つである。

■「2020年問題」：それまでに変革が必要

もちろん、インバウンド2.0時代に突入したといっても、日本全国を見わたせば、まだら模様、パッチワークのつぎはぎでしかないのが実情だ。いまだインバウンド1.0にさえたどり着いていない、行政頼みの誘客さえスタートしていないところもあれば、官民連携、地域連携、さらには広域間連携を深め、着実に前へと進んでいる地域もある。後述する、群馬県の水上温泉、東京都の新宿、札幌、横浜などはその代表例である。

インバウンド2.0の時代は、実はまだ過渡期でしかない。それゆえ、２０２０年８月のオリンピック・パラリンピック東京開催というビッグチャンス、さらにポスト五輪を見据えて、次のステップの「インバウンド3.0」時代へと日本全体がバージョンアップしていかなければならない。未来を見据えた戦略が必要なのだ。

オリンピック開催時には、世界各国から選手団やメディアが来日するので、口コミはもちろんメディアを通して日本が世界中に発信される千載一遇のチャンスだ。２０１３年9月に開催地が東京に決定して以降、マイナーだったインバウンド業界が一夜にしてあっという間にメジャーへと駆け上がったことを実感している事業者、行政の方は少なくないことだろう。ドン・キホーテグループにおいても、社内の雰囲気もガラリと変わり、現場の店長たちが目の色を変えて訪日客への対応に取り組むようになった。とはいえ、オリンピックの開催期間は、正味わずか17日間、パラリンピックの13日間と合わせても30日間にすぎない。しかも、２０２０年の日本は、現在以上に少子高齢化が進み、人口は減り、生産年齢人口も更に減っている。地方は一段と過酷な状況に陥っているだろう。したがって、これからの5年間で、インバウンドで日本を支えるビジネスモデルへと変革していかなければ、インバウンド、さらに日本の明るい未来はないといえる。現在のいわゆる「爆買い」現象に浮かれることなく、また中国経済の浮沈に一喜一憂することなく、インバウンド3.0へのステップアップが不可欠なのだ。

インバウンド3.0とは、では具体的にどんな世界なのか。それは、全産業、全省庁、そして全国民が「これからはインバウンドの時代である！」と強く自覚し、主体的に関わっていく時代といえる。そもそも、インバウンドという英単語は、外国人が日本の中（IN）に向かって来る（BOUND）という意味であり、日本へ向かうベクトル、観光はもちろんのこと、留学、労働、移民、株式、不動産、事業投資すべてのベクトルを指す概念である。インバウンドを単に、訪日観光＝訪日レジャーとしてだけ捉えていては、その重要性を見落としてしまう。

たとえば、国であれば、現在、インバウンド事業を中心となって推進している首相官邸、内閣府、国土交通省・観光庁のほかに、財務省をはじめ全省庁の連携が必要になる。地方自治体でも同じことだ。たとえば、オーストラリアの州政府では、留学生向けのホームページや情報誌にオーストラリアの当該州内の観光情報が数多く広告・広報されている。留学は学問だけでなく、国際交流、ひいては観光促進につながると考えているからだ。実際、オーストラリアの留学経験者は、卒業と共に母国に帰国後も、ハネムーンなどでその後何度も訪豪する。

日本人もインバウンドの大きなインパクトをもっと意識すべきだ。私が代表取締役を務めるジャパン・インバウンド・ソリューションズ（ＪＩＳ）も、社員の半分以上が外国籍だが、中には最初家族と観光で来た日本に惹かれ、その後留学し、働くようになったスタッフも少なくない。やがて永住権を獲得し、両親と一緒に日本に住みたいという人もいる。

私たち国民も、街の中に自然にいる訪日外国人に対し、「あ、ガイジン（外人）だ」というぶしつけな視線ではなく、“They support our economy”（「彼ら訪日客がわたしたちの暮らしを支えてくれている」）という認識、そして感謝と温かい共感を込めた眼差しへと変わっていく必要がある。政府や社会や企業活動など、職業としてインバウンドに関わっている人だけでなく、日本全体が変わる必要がある。まさに国民的革命を起こす必要があるのだ。

インバウンドをただの物見遊山にとどまる細いベクトルのままにしておくのか、それとも、あらゆるものを包含する骨太の巨大なベクトルにしていくのか。２０２０年8月までの5年間で、私たちの意識を改革できるかどうかが日本の未来を決めるのである。

第2節　「観光」を再定義しよう

■幕末の開国時代の「観光丸」を思い出そう

インバウンド3.0へとバージョンアップしていくにあたり、読者の皆さんにあらためて再定義してほしいことがある。それは「観光立国」の、本来の、そして真の意味である。

皆さんは「観光」という言葉の語源［出典］をご存じだろうか。「観光」という言葉は元々、中国の古典『易経』の「觀國之光」という一節に由来する。『易経』は、中国の四書五経、すなわち四種類の重要古典である四書（大学・中庸・論語・孟子）と、五種類の経典（易経・書経・詩経・礼記・春秋）のうちでも、最重要の経典の一つだ。今から2700年前、ソクラテスが活躍した時代よりもさらに300年も前に成立したといわれている。この『易経』において、「觀國之光」の語句の意味は、國（今の国家＝Nationの意味ではなく、各地方という意味）の、光（その土地の文化・歴史・伝統のすばらしさ）を他国から来る大事な客人「賓（ひん）」に觀（しめ）す、ないしその客人に觀（み）てもらうということを表している。「觀」は一般的によく知られる「みる」とともに、地域自らが主体となって「しめす」という意味も併せ持っている。

近代日本では、この言葉が幕末明治維新の時代から使われるようになった。約160年前の1855年（安政2年）、江戸幕府が開国し、長崎海軍伝習所練習艦としてオランダから贈呈された軍艦に、江戸幕府が付けた名前がまさに「観光丸（かんこうまる）」だ。ここには、日本の国の光を海外に示すとともに、これから西洋列強の進んだ文明を観て学んでこようという、まさに国際交流、国際通商、国際修好という理念と強い気概が込められている。

ちなみに勝海舟が艦長として幕末に米国へとわたった時に乗船した「咸臨丸（かんりんまる）」という艦名も、同じ『易経』の一節が出典となっている。「咸」が「君臣、力を合わせて、心を合わせて」という意味なのに対し、「臨」は「臨む」である。すなわち、「将軍、旗本御家人以下、心を合わせて西洋列強に臨む」という強い意思の表れだったといわれている。観光丸にせよ、咸臨丸にせよ、開国が始まった時代の高揚した気分が艦名に込められていたのだ。

戦後この「観光」という言葉は、いつの間にか通俗化、矮小化して、単なるレジャー（物

観光丸
出典：ウィキペディア

見遊山）だけを意味するようになった。「観光立国」とは単なる「レジャー立国」ではない。観光の概念を「狭義の観光」、すなわちレジャー中心の旅行業だけにとどめていては、持続可能な未来は開けない。観光立国の真の意味とは、日本各地固有の人々の文化・歴史・伝統、そして暮らしの固有性を磨き、これを観光資源として、国内はもとより海外からやってくる世界中からのツーリストに観（しめ）し、観（み）てもらうことにより自国・自地域の繁栄の基盤とすること、ひいては国際交流、世界平和の礎にすることである。

「観光とは、全産業に関わる日本に向かうヒト・カネ・情報のベクトルすべてを指す概念であること」を再確認し、訪日の交流人口を増やし、総消費人口を増やし、有効需要の絶対値を増やし、雇用を創出する。すなわち、「広義の観光」概念へのパラダイムシフトが必要なのだ。

■リピーターを生み出す「kin-seeing」

続いて、この「観光」の概念を、今度は世界標準から考えてみたい。訪日外客数が初めて１０００万人の大台を突破した２０１３年、成田空港では国土交通相出席のもと、式典も大々的に開催された。このニュースを聞いて、「日本もレジャー目的の外国人がいよいよ１０００万人を超えたのだ」と思った日本人は多いのではないだろうか。しかし、それは大きな誤解だ。２０１３年に日本を訪れた外国人１０３６万人のうち、レジャー目的の観光客は約６００万人に過ぎなかった。では、残りの４００万人以上は誰なのか。約２５０万人が商用目的の「ビジネストラベル」、約１８０万人が「ＶＦＲ」である。

ＶＦＲといわれても大多数の人々にとっては聞き慣れない言葉だろう。ＶＦＲとは“Visit Friends and Relatives”の頭文字をとったもので、友人や親族を訪問することを主目的とする旅行のこと。レジャー、ビジネスと並ぶ旅行区分のひとつで、日本の国内観光のGDPの3割は、こうした友人や親族を訪問するVFRによって生み出されている。観光業界は、国際VFRの需要喚起に本腰を入れる必要がある。国際VFRの持つ潜在力こそが、これからの日本のリピーター創出に大きく関係してくるからだ。また、実際、観光庁の「訪日外国人消費動向調査」(2015年4―6月期)をみても、訪日外客の来訪目的別に旅行中支出をみると、「観光・レジャー」は1人当たり平均139,055円にとどまるのに対し、VFR「親族・知人訪問」では1人当たり平均163,366円となっており、VFRの旅行中支出はレジャー目的の旅に比べ高く、経済波及効果も大きい。

私の友人に、箱根仙石原で温泉民宿「富士箱根ゲストハウス」を家族で経営する高橋正美さんという方がいる。富士箱根ゲストハウスは部屋数14、定員52人という小さな規模ながら、これまで70数か国以上から10万人以上が宿泊した、世界に知られる人気の宿だ。高橋さんは2009年に国土交通大臣が任命する「VIST JAPAN大使」にも選出されている。富士箱根ゲストハウスの客層は、欧米系6割、アジア系4割、そしてリピーターが非常に多いのが特徴だ。

彼らはなぜ母国から遠く離れ、決して交通至便でもない、この箱根の小さな宿に何度も足を運ぶのだろうか。富士山の美しい姿をもう一度見たいと思ったからだろうか。答えはノーだ。高橋さんの経営ポリシーは、「友人として迎え、ヒトとしてお世話する」「見返りを求めない対応」「外客のニーズとウォンツをしっかりと把握し、『やる、やらせる、やってあげる』と『しない、させない、やってあげない』を使い分けること」であるとうかがった。こうした心づくしのおもてなしを受けた外国人は、高橋さんら従業員との再会を楽しみにして再び日本にやってくる。インバウンド3.0時代においては、肉親と同じように大切な人（これを英語でkinという）に会いに行く旅がリピーター創出のカギになる。実際、先日私が高橋さんの宿に泊まりに行った際、米国から来たという若いカップルに「今回の宿泊は何回目ですか」と尋ねたら、彼らは誇らしげに、そして嬉しそうに、「3回目！」と答えてくれた。

レジャー観光を表す言葉のひとつに"sight-seeing"がある。私は、"sight"（景色）に加えて、"kin"（血縁者と同じくらい近しく親しい人）に会いにいく旅、すなわち"kin-seeing"=出会い旅という概念を新たに造語して、このジャンルの需要喚起を提唱したい。kin-seeingの振興について、これからぜひ皆さんとさらに知恵を絞りたいと願っている。

もっとも、現在、訪日客におけるレジャー目的の観光客の伸びも当然著しい。2014年に日本を訪れた1341万3467人のうち、観光客は前年比36・6％増の

富士箱根ゲストハウスのお客様とホスト側の記念フォト

１０８８万６０４人で、商用客４．９％増の１５３７万７１１４人、ＶＦＲを含むその他6.3％増99万５７４９人の伸び率を大きく上回った。こうした観光を主目的とする誘客プロモーションを推進する一方で、いわば「安定株主」としての商用客、ＶＦＲの需要を確保していく取り組みが必要だ。

【図4】2014年訪日客目的別内訳

2014年1月～12月　国・地域別 / 目的別　訪日外客数（暫定値）

Visitor Arrivals by Country/Area & Purpose of Visit for Jan.-Dec. 2014 (provisional figures)

作成：日本政府観光局(JNTO) /Compilation: Japan National Tourism Organization

国・地域	Country/Area	総数 Total 2013年 1月～12月 Jan.-Dec.	総数 Total 2014年 1月～12月 Jan.-Dec.	総数 Total 伸率 % Change	観光客 Tourism 2013年 1月～12月 Jan.-Dec.	観光客 Tourism 2014年 1月～12月 Jan.-Dec.	観光客 Tourism 伸率 % Change	商用客 Business 2013年 1月～12月 Jan.-Dec.	商用客 Business 2014年 1月～12月 Jan.-Dec.	商用客 Business 伸率 % Change	その他客 Others 2013年 1月～12月 Jan.-Dec.	その他客 Others 2014年 1月～12月 Jan.-Dec.	その他客 Others 伸率 % Change
総数	Grand Total	10,363,904	13,413,467	29.4	7,962,517	10,880,604	36.6	1,464,850	1,537,114	4.9	936,537	995,749	6.3
アジア	Asia Total	8,115,789	10,819,211	33.3	6,452,906	9,050,505	40.3	910,832	963,276	5.8	752,051	805,430	7.1
韓国	South Korea	2,456,165	2,755,313	12.2	1,974,117	2,285,069	15.8	334,026	326,075	-2.4	148,022	144,169	-2.6
中国	China	1,314,437	2,409,158	83.3	704,737	1,753,572	148.8	234,764	269,334	14.7	374,936	386,252	3.0
台湾	Taiwan	2,210,821	2,829,821	28.0	2,067,269	2,674,425	29.4	105,645	111,815	5.8	37,907	43,581	15.0
香港	Hong Kong	745,881	925,975	24.1	708,997	886,308	25.0	32,196	33,996	5.6	4,688	5,671	21.0
タイ	Thailand	453,642	657,570	45.0	392,856	599,690	52.6	37,683	35,455	-5.9	23,103	22,425	-2.9
シンガポール	Singapore	189,280	227,962	20.4	158,753	194,092	22.3	27,371	30,356	10.9	3,156	3,514	11.3
マレーシア	Malaysia	176,521	249,521	41.4	140,484	211,898	50.8	25,620	26,555	3.6	10,417	11,068	6.2
インドネシア	Indonesia	136,797	158,739	16.0	101,726	120,535	18.5	18,323	19,017	3.8	16,748	19,187	14.6
フィリピン	Philippines	108,351	184,204	70.0	68,720	136,561	98.7	17,257	21,005	21.7	22,374	26,638	19.1
ベトナム	Vietnam	84,469	124,266	47.1	26,402	41,375	56.7	14,265	20,240	41.9	43,802	62,651	43.0
インド	India	75,095	87,967	17.1	23,265	29,035	24.8	33,159	37,945	14.4	18,671	20,987	12.4
イスラエル	Israel	14,478	18,808	29.9	9,448	13,481	42.7	4,566	4,688	2.7	464	639	37.7
トルコ	Turkey	12,464	14,766	18.5	7,172	8,675	21.0	3,665	4,155	13.4	1,627	1,936	19.0
その他アジア	Asia Unclassified	137,388	175,141	27.5	68,960	95,789	38.9	22,292	22,640	1.6	46,136	56,712	22.9
ヨーロッパ	Europe Total	904,132	1,048,731	16.0	563,403	691,856	22.8	261,191	273,874	4.9	79,538	83,001	4.4
英国	United Kingdom	191,798	220,060	14.7	116,750	145,047	24.2	56,708	57,002	0.5	18,340	18,011	-1.8
フランス	France	154,892	178,570	15.3	103,045	123,003	19.4	37,693	40,740	8.1	14,154	14,827	4.8
ドイツ	Germany	121,776	140,254	15.2	58,479	72,545	24.1	54,693	58,131	6.3	8,604	9,578	11.3
イタリア	Italy	67,228	80,531	19.8	44,132	56,475	28.0	18,261	19,162	4.9	4,835	4,894	1.2
ロシア	Russia	60,502	64,077	5.9	40,347	41,796	3.6	13,193	14,861	12.6	6,962	7,420	6.6
スペイン	Spain	44,461	60,542	36.2	34,443	49,202	42.9	7,196	8,016	11.4	2,822	3,324	17.8
スウェーデン	Sweden	36,206	40,125	10.8	22,701	26,790	18.0	10,806	10,276	-4.9	2,699	3,059	13.3
オランダ	Netherlands	33,861	39,866	17.7	19,613	25,209	28.5	12,514	12,827	2.5	1,734	1,830	5.5
スイス	Switzerland	28,322	33,150	17.0	20,368	24,689	21.2	6,646	6,914	4.0	1,308	1,547	18.3
ベルギー	Belgium	16,558	18,934	14.3	9,361	11,568	23.6	6,096	6,310	3.5	1,101	1,056	-4.1
フィンランド	Finland	16,523	19,661	19.0	11,391	14,036	23.2	4,115	4,520	9.8	1,017	1,105	8.7
ポーランド	Poland	15,525	17,883	15.2	11,427	13,124	14.9	2,647	3,151	19.0	1,451	1,608	10.8
デンマーク	Denmark	15,065	17,901	18.8	8,868	11,463	29.3	5,450	5,602	2.8	747	836	11.9
ノルウェー	Norway	14,085	15,230	8.1	9,848	11,006	11.8	3,541	3,360	-5.1	696	864	24.1
オーストリア	Austria	13,015	15,398	18.3	7,364	9,292	26.2	4,411	4,898	11.0	1,240	1,208	-2.6
ポルトガル	Portugal	11,604	14,439	24.4	9,661	12,345	27.8	1,553	1,709	10.0	390	385	-1.3
アイルランド	Ireland	11,258	12,596	11.9	5,896	7,386	25.3	3,879	3,813	-1.7	1,483	1,397	-5.8
その他ヨーロッパ	Europe Unclassified	51,453	59,514	15.7	29,709	36,880	24.1	11,789	12,582	6.7	9,955	10,052	1.0
アフリカ	Africa Total	26,697	28,336	6.1	8,847	11,377	28.6	6,701	7,130	6.4	11,149	9,829	-11.8
北アメリカ	North America Total	981,981	1,112,317	13.3	670,534	791,820	18.1	240,159	246,126	2.5	71,288	74,371	4.3
米国	U.S.A.	799,280	891,668	11.6	526,768	611,075	16.0	214,076	219,240	2.4	58,436	61,353	5.0
カナダ	Canada	152,766	182,865	19.7	122,602	152,005	24.0	20,707	21,150	2.1	9,457	9,710	2.7
メキシコ	Mexico	23,338	30,436	30.4	17,957	24,799	38.1	3,812	4,037	5.9	1,569	1,600	2.0
その他北アメリカ	North America Unclassified	6,597	7,348	11.4	3,207	3,941	22.9	1,564	1,699	8.6	1,826	1,708	-6.5
南アメリカ	South America Total	49,930	56,873	13.9	35,446	41,404	16.8	8,280	8,506	2.7	6,204	6,963	12.2
ブラジル	Brazil	27,105	32,310	19.2	19,565	24,006	22.7	4,689	4,808	2.5	2,851	3,496	22.6
その他南アメリカ	South America Unclassified	22,825	24,563	7.6	15,881	17,398	9.6	3,591	3,698	3.0	3,353	3,467	3.4
オセアニア	Oceania Total	284,886	347,339	21.9	231,134	293,258	26.9	37,653	38,171	1.4	16,099	15,910	-1.2
豪州	Australia	244,569	302,656	23.8	202,337	259,968	28.5	30,732	31,251	1.7	11,500	11,437	-0.5
ニュージーランド	New Zealand	36,954	41,622	12.6	27,186	32,019	17.8	6,280	6,257	-0.4	3,488	3,346	-4.1
その他オセアニア	Oceania Unclassified	3,363	3,061	-9.0	1,611	1,271	-21.1	641	663	3.4	1,111	1,127	1.4
無国籍・その他	Stateless	489	660	35.0	247	384	55.5	34	31	-8.8	208	245	17.8

◆注1：「訪日外客」とは、国籍に基づく法務省集計による外国人正規入国者から日本に永住する外国人を除き、これに、日本を経由して第三国へ向かうため日本に一時的に入国した通過客（一時上陸客）を加えた入国外国人旅行者のことである。「観光客」とは、短期滞在の入国者から「商用客」を引いた入国外国人で、親族友人訪問を含んでいる。「その他客」とは、観光、商用目的を除く入国外国人で、留学、研修、外交・公用などが含まれる。

◆注2：本資料を引用される際は、出典名を「日本政府観光局(JNTO)」と明示してください。

◆Note: If reproduced, your credit line to JAPAN NATIONAL TOURISM ORGANIZATION is mandatory.

出典：日本政府観光局

第3節　サステナブル・インバウンド思考のススメ

■持続可能なインバウンド戦略とは

インバウンド3.0へと変わっていくには、意識の変革だけでなく、日本政府、地方自治体、そして民間企業の具体的な戦術、戦略の転換を伴うことが必須条件だ。２００８年７月、ドン・キホーテが訪日外国人客への対応を本格化したのに伴い、私はまったく違う分野の仕事からインバウンドの世界に飛び込んだ。その時に手掛けた仕事が、免税店の免許をドンキ全店で取得することだった。中国人観光客から銀聯カードの導入を望む声が増えたのがきっかけだった。

ドン・キホーテは今でこそ訪日客の２人に１人以上が訪れる訪日客に人気のショッピングの殿堂として知られるようになったが、当時は「ドン・キホーテがまた、なんでインバウンド?」と海外見本市やセールスに出かけるたびに、とりわけ行政の国際観光担当者の方に露骨に訝しがられ、相手に悪気はないと知りつつも相当悔しい思いをしたものだ。

そんな時代から東日本大震災による訪日客の激減と苦悩、その後の２０２０年オリンピック・パラリンピック東京大会決定、全品免税制度施行と円安による爆発的な訪日客増加というインバウンドを取り巻く激変にビジネスの最前線で関わり続けてきたが、今、痛切に感じているのはインバウンドの拡大に伴う持続可能な社会の実現、すなわち「サステナブルな思考」の重要性である。

持続可能な社会とは、地球環境の悪化という極めて重要な問題を抱える人類が、「将来の世代の欲求を満たしつつ、現代の世代も満足させるような開発」（１９８７年、環境と開発に関する世界委員会報告書「Our Common Future」より）が行われる社会を指している。日本においては、少子化による人口急減、地方消滅危機、年金・高齢者医療・介護費用の増大、地球温暖化等の環境問題、エネルギー問題、非正規雇用拡大・失業者増大、国自治体の財政赤字などのあまたの課題を乗り越え、21世紀を超え、来たる22世紀以降にも日本全体が繁栄し続けるための、基盤を創出することが必要だ。その基盤を支える産業として、持続可能なインバウンド戦略を実現するとは一体どういうことなのか。５つのポイントに絞って言及したい。

■サステナブル・インバウンド思考5つのポイント

1. いわゆる爆買いなど、一過的なブームに終わらない持続可能なツーリズムの創造
2. 量よりも質を求める
3. 持続的な富を生み、地域の雇用、特に若者の雇用を生み出す
4. 地域の自然環境や固有の伝統文化を破壊しない。むしろそれらをよりよくする。地域のきずなを強化する。
5. 国際理解・国際平和に寄与し、子供たちの未来を創り、すべての人々が豊かさを享受する

1. いわゆる爆買いなど、一過的なブームに終わらない持続可能なツーリズムの創造

1点目は、今の日本のインバウンド需要における特需対応だけに没頭せず、強い意志を持って長期的な世界戦略と準備を進めていくことである。既述のとおり、本書を執筆している2015年9月現在、1～8月の訪日外客数は累計で早くも1287・5万人となっ

た。年間2000万人も目前だ。中国人観光客を中心とした「爆買い」の勢いは、世間を騒がせている上海の株式暴落後も止まらない。2014年までは爆買いといえば、春節や国慶節のような中華圏が休暇に入る特定時期の現象だったが、2015年に入ってからの東京・銀座や大阪・心斎橋などでは、平日休日関係なく常に中国語が飛び交い、荷物でいっぱいになったスーツケースに土産を無理やり詰め込もうとしている観光客の姿が見られる。宿泊施設の稼働状況も急上昇、ひっ迫状況が続いている。これまで静観していた事業者の中でも、その勢いに目の色を変えて奔走し始めたところも少なくない。

一方、こうしたブームが一過性のものとして終わってしまわないかという懸念は誰もが抱いている（政府機関の各所から、大きな中国の経済関連のマイナス指標が報道されるとその都度私の元に問い合わせの電話が入る）。実際、近年において常に日本を上回る外国人旅行者が訪れていた隣国・韓国は、「中東呼吸器症候群（MERS）」の流行などによって、個人旅行者のみならずインセンティブ、国際会議などのキャンセルが相次いだ。今年ともに誘客で共闘してきた韓国人の仲間の数多くが苦境にあえいでいたのを目の当たりにした。こうしたインバウンドの外的環境に関する脆弱性は、私たち自身日本が2011年の東日本大震災に見舞われた際にいやというほど痛感した。インバウンドは、外部要因によって左右される産業であることは間違いない。中国をはじめ、アジア各地の国内消費市場が成熟し、いま爆買いされているような消費財が遠からぬうちに各国で生産可能になれば、また、今の円安が極端な円高に振れれば、おのずから日本での買い物ブームは下火になるだろう。我々は常に、短期的なブームに踊ることなく、未来を見据え、ポスト爆買い時代のインバウンド、ポスト東京五輪時代のインバウンドの未来予想図を描きながら、戦略を立てていかねばならない。

2. 量よりも質を求める

2点目は、言い古されたフレーズではあるが、「量より質」ということである。量より質といっても、決して高価なものだけを売れというわけではない。量を売ることももちろん大事だ。しかし、量だけを追求していると、いつの間にか疲弊していく。ホテルも観光バスもすでに大都市圏では需給バランスが逼迫してきた。これからは、商品販売も、飲食店も、宿泊施設も質の追求、そして付加価値の高いインバウンドの実現に向けて戦略的に取り組んでいくべきだと思う。訪日客数はもちろん増やしていきたい。しかし、地域社会が受け入れ可能なキャパシティを超えた観光客が一気に押し寄せると、その地域の住人には過大な負荷ともなる。

つい、先日フランスのパリで開催された国際会議出席の際、パリの街に1週間ほど滞在したが、フランスでは、量を売るよりも、質＝自らのブランド価値を訪仏客に売ることをごくごく自然・当然のこととしていることを改めて実感した。ルーブル美術館も、有名ホテルも、有名レストランもすべてすでにインバウンドで飽和しているのだ。わざわざ安く売る理由はそこには一つもない。彼らは、モノそのものではなく、超高付加価値の「ブランド」を売っているのだ。

ドン・キホーテ店内の圧縮陳列画像

3. 持続的な富を生み、地域の雇用、特に若者の雇用を生み出す

3点目は、持続的な富を生み、地域の雇用を生み出す産業に育てなければならないということだ。これからの日本を支えていくインバウンドは、短期的に儲けて、収奪していく商売ではない。いつまでもパートやアルバイト、非正規社員で対応し、安定的な雇用を生み出せない産業では、若者が安心して結婚したり、子育てしたりできる環境を構築できず、持続可能な成長につなげることができない。

最近、ホテル二十数社ほどの関係者が集まる交流会に参加した。いまや国内の宿泊施設を利用する10人に一人は外国人客という時代。なかにはインバウンド比率が9割を超える宿泊施設もある。特に、東京や大阪のシティホテル、ビジネスホテルは外国人客の利用で客室稼働率が急伸し、それに伴って客室単価も跳ね上がっている。この交流会の場に居合わせたホテル関係に勤める知人らに、失礼を詫びつつ、今のインバウンドの隆盛が給与に恩恵があったかどうか尋ねてみたところ、ほとんどが「変わらない!」という答えだった。これらのホテルは老朽化した設備をかかえるところも少なくないという。経営者はインバウンドで上乗せできた利益を、これまで手が付けられなかった館内・室内や配管、下水などの改修に投資しているというのだ。もちろん、施設への投資は顧客満足度を高める

ために重要な施策である。ただ、その一方で、日本がこれから観光立国を目指す上で、最も大切なのはヒトの力である。ヒトが息切れしてしまう前に、従業員への報酬としての還元、高度なインバウンド研修・おもてなし研修等の人的投資も真剣に考えなければならない。インバウンドを単なる目先の経営効率だけで考えるべきではない

そして何よりも大事なことは、インバウンドの需要に伴って増える雇用を、特に二十代の地元の若者に優先的に割り振っていくことだと思う。インバウンド産業の振興をとおして、若者が大都会に出なくとも、地元で就職して活躍できるステージ、そして正規雇用者を数多く創出し、若者が20代後半で安心して結婚できる社会を創出していきたい。

4．地域の自然環境や固有の伝統文化を破壊しない。むしろそれらをよりよくする。地域のきずなを強化する

4点目は、地域の自然環境や固有の伝統文化を破壊せず、むしろインバウンド振興を通じて地域のきずなを確固たるものにするということである。その先進事例として、群馬県みなかみ町に外国人旅行者が増えるきっかけを作った、ニュージーランド出身の株式会社キャニオンズ代表取締役マイク・ハリス氏の取り組みをご紹介したい。

群馬県みなかみ町にある水上温泉は北関東有数の温泉地、スキー場のある町として1990年代に多くの宿泊客を集めていた。しかし、バブル崩壊に伴うスキー需要、団体旅行の衰退によって減少。そんな水上温泉に新しい風を吹き込んだのが、利根川でのアウトドアスポーツの普及を始めたハリス氏である。ハリス氏はラフティング（筏［いかだ］を意味するラフトとよばれるゴムボートでの川下り）にとどまらず、川の水量の少ない季節でも楽しめるスポーツとして身一つで沢を降りるキャニオニング（「キャニオン＝渓谷」で遊ぶという意味のフランス生まれのスポーツ）の普及に取り組み、外国人だけでなく日本人にもヒットしていることは読者の皆さんの中でもご存じの方は多いだろう。

私は2015年6月にみなかみ町主催の公開インバウンドセミナーに、株式会社キャブステーション主催の「次世代インバウンドエキスパートリーダー育成塾（NILA）」の塾長として塾生の皆さんを率いて泊まり込みで参加し、町の公会堂で講演を行うとともに、ハリス氏の話をその翌朝、具体的にうかがう機会を得た。ハリス氏の会社はこのキャニオニングの装備としてフランス製で最高級のブーツを提供しているという。安価なブーツは底がフェルト製になっていて土がつきやすいからだ。実はこの土にバクテリアが混じっているとツアー客が歩き回ることで、本来ある場所ではないところに付着し生態系にひずみ

ラフティング

キャニオニング

バクテリアが付着しない
フランス製ブーツ

をもたらす恐れがある。それを避けるためにフェルトを利用しない特別の靴を利用しているのだ。その他も充実した装備を施すため、その分、一人当たりの単価は高くなるが、インストラクターも高度な訓練を受けたトップクラスの人材を採用している。

ハリス氏の成功は、自然環境をサステナブルで利用する前提に立っている。もちろん、みなかみ町の成功には、インターネット告知、多言語対応、官民一体の協力体制などさまざまな理由がある。私たちもこのように、高品質な価値を理解できるグローバルな視点のもと、地元の資源、技、芸能をより一層磨いていかなければならないと実感させられる実例である。

5. 国際相互理解・国際平和に寄与し、子供たちの未来を創り、すべての人々が豊かさを享受する

そして、最後の5点目が、子供の未来を創る、国際相互理解、国際交流への寄与である。レジャーとしてだけでなく、国際交流としてインバウンドをとらえるために、行政、民間双方で子供や学生たちが積極的に外国人とふれあうことのできる環境を工夫していく必要がある。

たとえば、前出の富士箱根ゲストハウスを経営する高橋正美さんは、日本文化の紹介や英会話習得に関心がある日本人を外国人宿泊者に紹介し、館内の「国際交流ラウンジ」というスペースで、折り紙、お琴、習字、剣玉、着物体験など、日本ならではの思い出づくりを提供している。中でも、長年に渡り、富士箱根ゲストハウスでお琴の演奏を披露して

いる女性は、これを生きがいにしている。また、地元の美術館が日本の芸術文化の魅力を世界の方々に知ってほしいとプレゼンテーションをしに来ることもある。いずれも自主的、自発的なボランティア活動だ。高橋さんはまた、未来の国際社会を担う小中高校生、大学生、インターンシップ生や社会人を招き入れ、民宿を営む過程で培った、異文化コミュニケーションやホスピタリティの基礎・基本を観光現場で教えている。子供たちはもちろんのこと、若者、現役世代、高齢者すべての人々が外国人とふれあい、互いの人生を分かち合う。こうした草の根の取り組みこそが、これからの日本の力となっていくであろう。

ドン・キホーテグループにおいても、海外プロモーション戦略の一環で海外の子供たちとのふれあいを大切にしている。海外見本市などのドン・キホーテのブースでは、子供たちが日本文化、日本の魅力と直接触れ合えるイベント機会の提供に努めている。また、日本でも毎年、リテールビジネスを専攻しているシンガポールの学生のテクニカルビジットを受け入れ、研修を実施している。

国際交流が増えることは、私たち大人と違って頭の柔らかい子供たちに外部の視点を意識させ、自分たちの故郷のコアな魅力を客観的に考えるようになる習慣にもつながるだろう。訪日客との触れ合い・交流を通して、初めて日本の各地方は、己れの「ふるさと」の独自性を深く自覚しうる。人口急減社会が現実のものとなった今は、私たち一人ひとりふるさとが消滅する危機でもある。インバウンドを通じた国際交流は、外向きの効果とともに、内向きの自らのふるさとの魅力を見直すという双方向の視点で、子供たちの未来へとつながる環境づくりへの取り組みが必要である。

着物体験（富士箱根ゲストハウス）

地元小学生への国際理解教育
（富士箱根ゲストハウス）

シンガポール学生のドン・キホーテ訪問時のようす

ドン・キホーテの海外見本市での子供たちとのふれあい

全品免税制度で外国人のショッピングこう変わった

インバウンドにビジネスチャンスを見出して参画する民間企業が増え、インバウンド1.0から2.0へと変わる最大のきっかけとなったのが、2014年10月から施行された「全品免税」制度です。消費税免税販売制度が改正され、訪日外国人観光客であれば、一定の条件のもとに全品が免税可能になりました。私がドン・キホーテでインバウンドの世界に飛び込むことになったきっかけも、当時の経営陣から「全店を免税対応にせよ！」というミッションが下されたから。品目拡大の必要性については、私自身も各メディアや講演会などを通して世論に訴えるとともに、民間委員として観光庁はじめ、各行政府の改正の議論に参加してきました。これまでのさまざまな出来事を振り返れば、制度改正は本当に感慨ひとしおです。

〈まだまだ少ない免税店数〉

改正から1年が経ち、訪日外国人観光客であれば、家電や宝飾品などの一般物品に加

【図5】

国土交通省 観光庁

消費税免税店（輸出物品販売場）の都道府県別分布（2015年4月1日現在）

	店舗数		増加数	対前回比率
	2014.10.1	2015.4.1		
札幌国税局	594	1,132	538	190.6%
北海道	594	1,132	538	190.6%
仙台国税局	156	486	330	311.5%
青森	12	61	49	508.3%
岩手	18	49	31	272.2%
宮城	94	267	173	284.0%
秋田	7	23	16	328.6%
山形	8	39	31	487.5%
福島	17	47	30	276.5%
関東信越国税局	509	1158	649	227.5%
茨城	66	149	83	225.8%
栃木	69	134	65	194.2%
群馬	22	66	44	300.0%
埼玉	211	500	289	237.0%
新潟	53	132	79	249.1%
長野	88	177	89	201.1%
東京国税局	4172	7356	3,184	176.3%
千葉	383	801	418	209.1%
東京	3268	5,469	2,201	167.4%
神奈川	468	994	526	212.4%
山梨	53	92	39	173.6%

	店舗数		増加数	対前回比率
	2014.10.1	2015.4.1		
金沢国税局	122	279	157	228.7%
富山	73	129	56	176.7%
石川	46	142	96	308.7%
福井	3	8	5	266.7%
名古屋国税局	595	1382	787	232.3%
岐阜	57	152	95	266.7%
静岡	161	352	191	218.6%
愛知	296	672	376	227.0%
三重	81	206	125	254.3%
大阪国税局	2084	4126	2,042	198.0%
滋賀	52	115	63	221.2%
京都	351	772	421	219.9%
大阪	1259	2316	1,057	184.0%
兵庫	307	701	394	228.3%
奈良	49	122	73	249.0%
和歌山	66	100	34	151.5%
広島国税局	220	603	383	274.1%
鳥取	23	49	26	213.0%
島根	6	19	13	316.7%
岡山	56	169	113	301.8%
広島	114	310	196	271.9%
山口	21	56	35	266.7%

	店舗数		増加数	対前回比率
	2014.10.1	2015.4.1		
高松国税局	87	217	130	249.4%
徳島	3	22	19	733.3%
香川	48	88	40	183.3%
愛媛	25	79	54	316.0%
高知	11	28	17	254.5%
福岡国税局	587	1262	675	215.0%
福岡	507	1,011	504	199.4%
佐賀	37	84	47	227.0%
長崎	43	167	124	388.4%
熊本国税局	97	431	334	444.3%
熊本	24	99	75	412.5%
大分	22	93	71	422.7%
宮崎	15	68	53	453.3%
鹿児島	36	171	135	475.0%
沖縄国税事務所	138	347	209	251.4%
沖縄	138	347	209	251.4%
合計	9361	18779	9,418	200.6%

2015年4月1日現在：国税局所管地域別（国税庁集計）

出典：観光庁

え、以前は免税非対象だった食品・飲料類・化粧品、地元産品などの消耗品を含む全品が免税となります。消費税率が８％となり、今後さらに10％への引き上げも予定されているなか、この全品免税制度は外国人に対する大きな訴求力になり、いわゆる「爆買い」現象を呼んでいます。

免税店になるには、納税地の所轄税務署に届け出を出して、審査を受けることで許可が得ることが必要です。２０１５年４月１日現在の全国の免税店数は合計で１８７７９店。制度改正から半年間で９４１８店増加と、およそ倍増しました。ただ、日本には今１２０万店の小売店があると言われています。つまり、ほとんどの小売店は免税免許を持っておらず、ほんの２％以下の店舗でしか外客免税はできません。これが観光立国を目指す日本の現状で、特に地方でもっと増やしていく取り組みが急務だと感じています。

〈２０１５年４月からさらに充実〉

また、２０１４年に10月にスタートした全品免税に続き、２０１５年４月１日からさらに制度が拡充され、免税一括カウンターの設置が認められることになりました。これはどういうことかというと、第三者に免税販売手続きを委託することで、商店街などに専用のカウンターを設置できるようになったということ。

たとえば、商店街や物産センター、ショッピングセンター内の店舗は、組合やディベロッパー、免税手続きサービス会社が運営するカウンターに手続きを委託することで、煩雑な手続きや外国語対応の必要がなくなります。カウンターでは店舗を超えて購入金額を合算することができるため、今後は免税店の出店が遅れている地方の商店街などでも、免税店の増加が期待されます。

また、外国人観光客、特に中国人観光客の多くが利用する外航クルーズ船の寄港時に、埠頭に免税店を臨時出店する際の手続きも新設されました。

現在、報道などでは免税販売の効果が高いのは、東京、大阪などの大都市におけるショッピング観光とよく言われていますが、私は免税対象が以前は対象外だった消耗品にも範囲が広がったことで、地域活性化に大きな期待ができると思っています。なぜかというと、従来の免税対象だった家電やスーパーブランドは、品ぞろえに優れ、価格競争力が高い大都市圏にニーズが集中していました。

一方、今は日本国内のあらゆる地域、道の駅をはじめ、地方の商業者が地元の農林水産物、そのほか銘菓などの食品、地酒などを、日本のおみやげとして売り込む大きなビジネスチャンスが生まれています。今一度自分の店の品ぞろえを見直し、チャレンジしていただきたいと思います。

第2章

日本はいま？ ほら、あなたのそばにも危機が

第1節　日本人がいなくなる

■危機感を抱きませんか？

ここ数年、インバウンドビジネスに取り組む自治体、民間企業は増加の一途をたどっている。第1章で触れたように、訪日客の数、旅行消費額ともに右肩上がりに増加。さらに心強いのは、世界の旅行市場が急速に発展しており、とりわけアジアの国際観光熱が爆発していることである。

国連世界観光機関（UNWTO）によると、アジアの2010年の国際観光到着人数（つまり、海外に出かける人口）は1・81億人で世界全体の19・3％だったが、オリンピック・パラリンピック東京大会が開催される2020年には3・18億人で23・4％、2030年には4・8億人で26・5％を占めるようになると予想されている。全世界では2010年に約10億6000万人だった国際観光客数は、2020年には15億6100万人に増加すると見込まれている。また、2014年の世界全体の国際観光客到着数は前年比4.7％増の

5100万人増となり、11・4億人を記録した。地域別シェアでは欧州が過半を占めているが徐々に減少しており、それに対してアジア太平洋は2004年に19％だったシェアが2014年には23％までに拡大している。

特に、経済成長が著しいアジア各国の人々はこれから一気に海外へ目を向けていくだろう。日本にはオリンピックというビッグイベントも控えており、インバウンドを取り巻く未来は明るい。にもかかわらず、なぜ中村がそれほどの危機感を抱くのかと不思議に思っている方もいらっしゃるかもしれない。

■広がり続けるワニの口

私が危機感を持つ最大の理由は、日本が地方消滅の危機にあり、インバウンドこそが危機を回避する重要な産業になりうると同時に、インバウンドが伸びなければ地方はさらなる危機にさらされるということだ。

2014年に日本創成会議の増田寛也座長が、今1718ある地方自治体のうち「2040年までに896の自治体が消滅する」と警告した。日本創成会議は具体的な「消滅自治体リスト」を公表し、地方に衝撃が走った（『地方消滅』中公新書、２０１４年）。そして今、日本が再生するキーワードとして注目されているのが「地方創生」である。同年9月に第2次安倍改造内閣で石破茂前自民党幹事長が地方創生担当相に起用され、安倍晋三首相を本部長とし、石破氏と菅義偉官房長官を副本部長とする「まち・ひと・しごと創生本部」（地方創生本部）が発足。人口減少と東京一極集中という大きな２つの課題を解決するために、地方移住や働き方の改革などさまざまな施策が各自治体で始まっている。国の２０１６年度予算（一般会計）でも、安倍政権が掲げる成長戦略や地方創生の施策として優先される「特別枠」は、要求できる上限近くの３兆８５２９億円まで積み上がった。

実際、近年横ばいだった日本の人口はこの5年間で目に見えて減り始めた。２０１４年1年間で約26万人が減少している。26万人と聞くと、「ああ、その程度か」と思われる人も少なくないかもしれない。しかし、この減少カーブは東京オリンピック・パラリンピックが開催される２０２０年以降加速し、毎年50～70万人ずつ減っていく。私が生まれ育ったふるさと、佐賀県の人口は２０１５年2月時点で約88万人だ。その規模に決して遠くない人数が毎年減っていくのである。今世紀半ばには年間１００万人以上減る時代が到来し、２０６０年には総人口が９０００万人を割り込むと推計されている。

このまま何もしなければ、約１５０年後には日本という国が消滅するとさえ言われている。厚生労働省によると、２０１４年の合計特殊出生率は１・４２で、前年より０・０１ポイント下回った。前年を下回るのは、過去最低だった２００５年（１・２６）以来、９年ぶりのことだ。合計特殊出生率とは、一人の女性が生涯に産むと推測される子供の人数のこと。第二次ベビーブームと言われた団塊ジュニアが40代に突入したのが主要因でとされるが、出生率が仮に２・０に戻ったとしても人口は減り続ける。なぜならば、母親の絶対数が減ってきているからである。

２０１５年、ＮＨＫ大河ドラマで『花燃ゆ』という吉田松陰の妹〝文（ふみ）〟を主人公とした作品が放映されているが、我が国の人口は文が生きた幕末の頃の日本の人口は、わずか３３００万人程度だった。それがわずか１５０年間で約４倍に膨張し、再び戻り始めている。すなわち、ピークを過ぎて今まさに下り坂にさしかかった最初の段階に我々日本人は立っている。ほとんどの人にとって終わりの始まりという実感はないだろうが、この数字が厳然と現実を示している。

とりわけ、15歳以上65歳未満の生産年齢人口、現役人口と呼ばれる中心世代の減少は深刻だ。サステナブルなインバウンド市場の成長の根幹を担う生産年齢人口の雇用が確保さ

【図6】

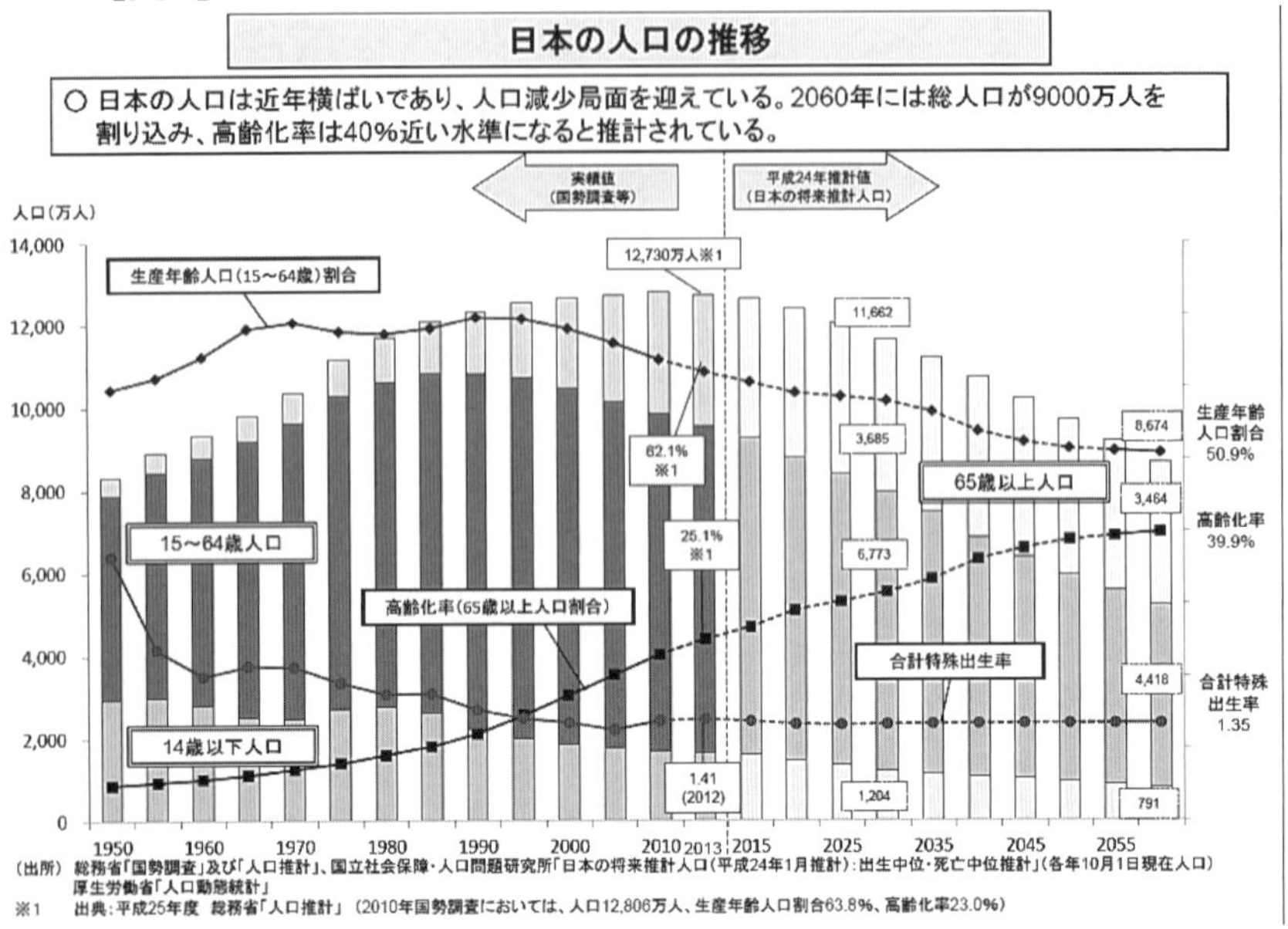

(出所) 総務省「国勢調査」及び「人口推計」、国立社会保障・人口問題研究所「日本の将来推計人口(平成24年1月推計):出生中位・死亡中位推計」(各年10月1日現在人口)
厚生労働省「人口動態統計」
※1 出典:平成25年度 総務省「人口推計」(2010年国勢調査においては、人口12,806万人、生産年齢人口割合63.8%、高齢化率23.0%)

れなくては、日本の未来もない。実は、この生産年齢人口が減り始めたのは、今から25年前の1990年からである。バブル景気まっただ中だったこの1990年は、奇しくも日本の一般会計税収が減少し始めた年でもある。その後、税収の減収を打ち消すかのように赤字国債が発行されて歳出が増加。つまり、日本は問題を先送りし続け、その結果、【図7】のように歳出と税収のいびつな状況を象徴するワニの口が広がることとなった。このままでは、日本は

【図7】

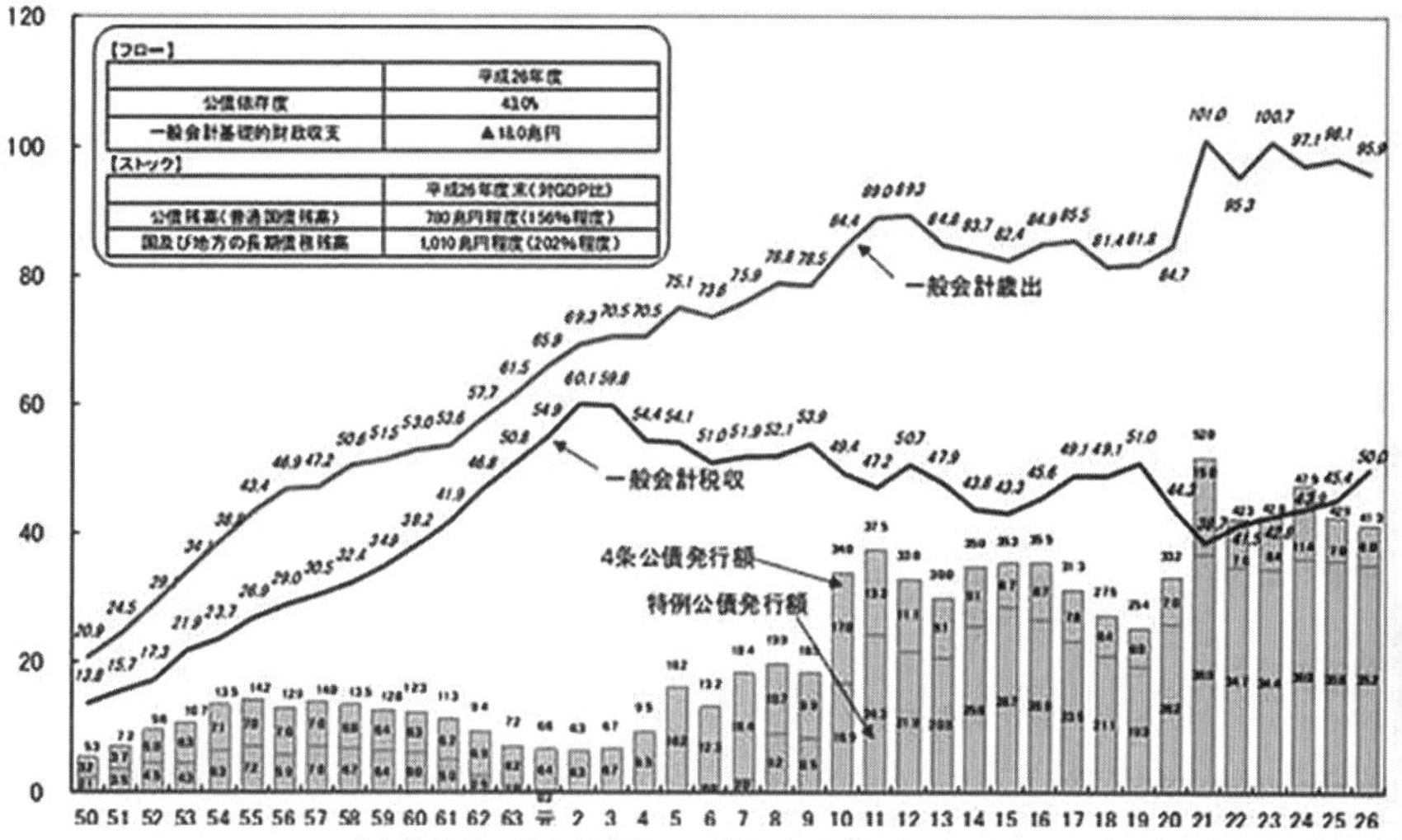

一般会計税収、歳出総額及び公債発行額の推移　財務省「我が国の財政事業」2014年

ワニの口に飲み込まれてしまうことになる。

日本の人口は確実に減少している。しかしながら、世界の先進各国も同じ課題を抱えていると思われるかもしれないが、残念ながら、それは大きな錯覚である。

政策研究大学院大学名誉教授の松谷明彦氏の算定によると、米国、フランス、英国、ドイツ、日本は20世紀にはいずれも人口が増加していたが、21世紀に入ると、ドイツと日本だけが減少に入った。フランスは少子化対策が成功した。また、ドイツは、東西分断されていた西ドイツが「ガスト・アルバイター」と呼ばれるトルコなどからの外国人労働者を多数受け入れていたが、1990年の再統一を機に母国へ帰したことによるいびつな状況が現在も続いており、今後は回復に向かうと言われている。つまり、主要先進国の中で今後、極端に人口が減るのは日本だけだ。

■貧しくなりつつある日本人

日本は今、危険な状態にある。少子高齢化が急速に進み、生産年齢人口が減り続けているのに、少子化対策、移民政策もほとんど何も進んでいない。そうしたなか、日本のGDP成長率がどうなっているのか皆さんはご存じだろうか。

2014年は先進国、新興国いずれも成長の鈍化が叫ばれ、主要国のGDP成長率は中国が7.4%と伸ばした以外は、米国2.4%、韓国3.3%、台湾3.7%と低水準にとどまった。その中でも日本は0.03%のマイナス成長。これは奇しくも2014年の人口減少率と全く同じ比率である。さらに、2015年4~6月期の日本のGDP成長率の年率換算推計成長率はなんとマイナス1.2%（2次速報値）と、さらに衝撃的な後退が予想されている。

【図8】

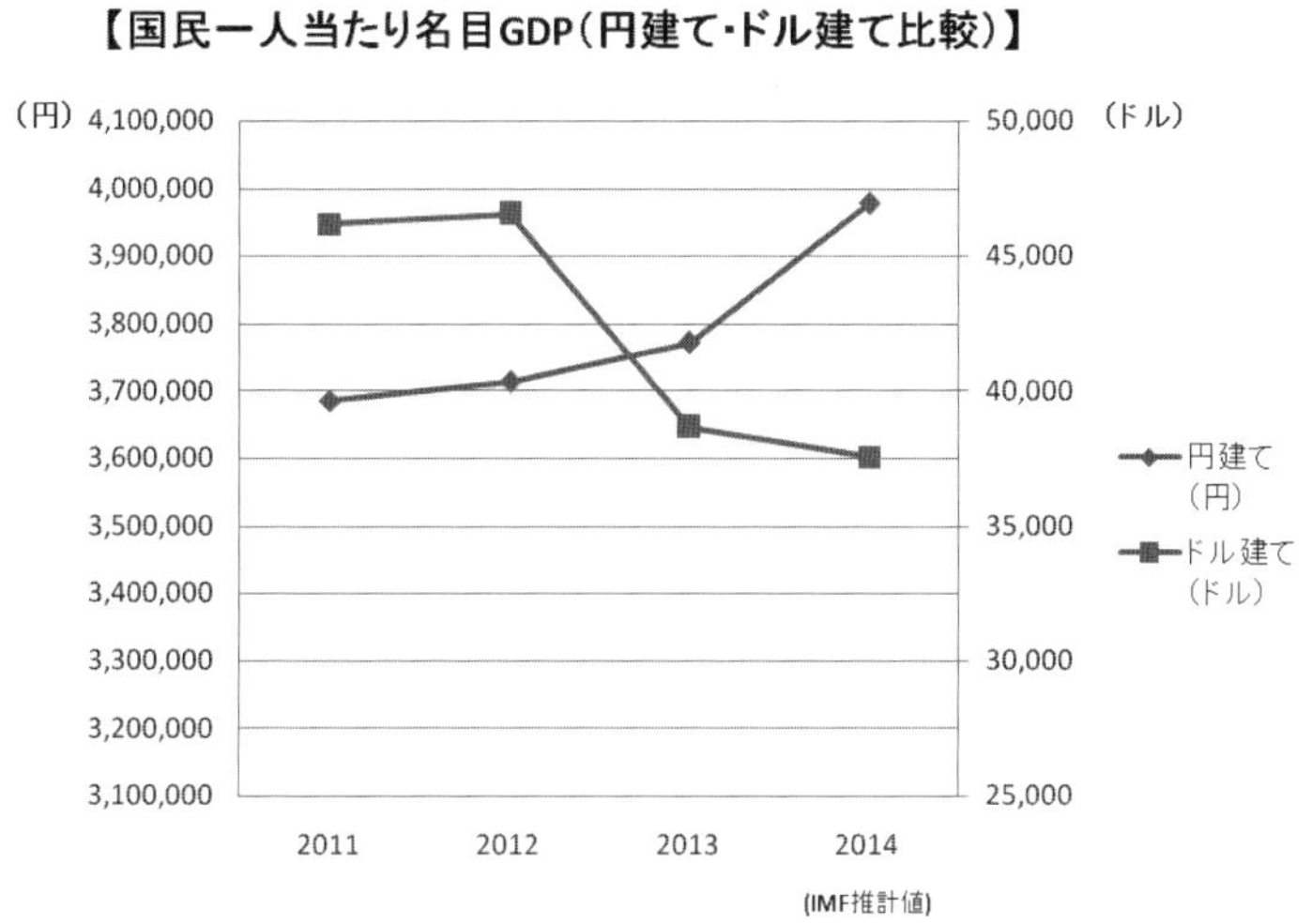

出典：ＩＭＦ

アベノミクスによって円安が急激に進行し、輸出、株価が伸びている。それがインバウンド、特にショッピング需要にも好影響を与えている。ただその一方で、円安は円の価値が下落しているということにも他ならない。一人当たりの名目ＧＤＰをドル建てと円建てで比較してみると明らかだ。【図８】を見ると、２０１２年末のアベノミクス登場による円ドル相場の急激な変化に伴い、ドル建てでみた国民一人当たりの名目ＧＤＰが減少している。私は２０１５年の春、商用でシンガポールに行き、シンガポールの物価の高さをあらためて実感した。軽くランチを取

【図9】

【民間一人当たり年平均給与（円建て・ドル建て比較）】

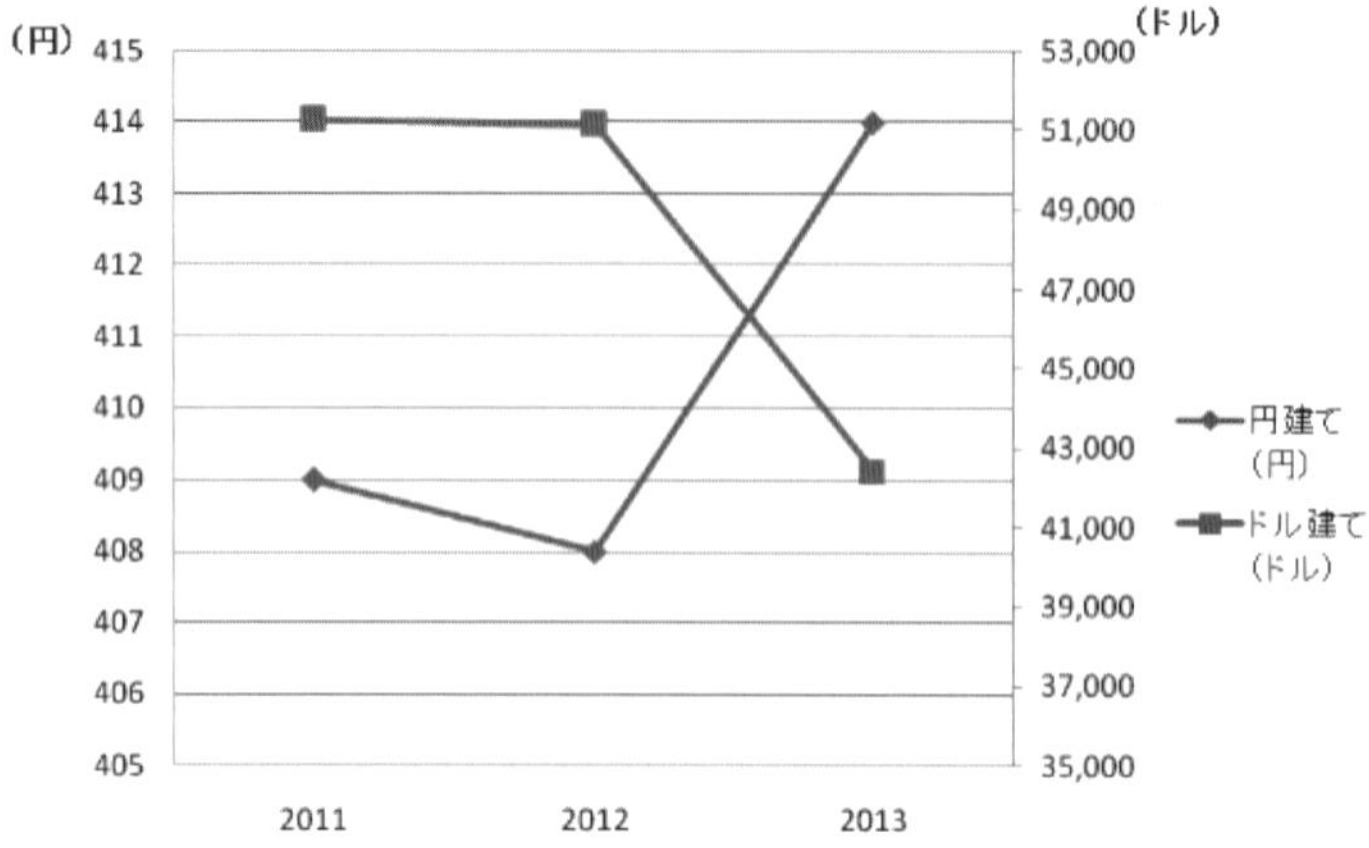

出典：国税庁「民間給与実態統計調査」

ろうと近くのマクドナルドに入ってハンバーガー、ポテト、Ｍサイズのコークを頼んだところ、請求書を見て驚いた。なんと日本円で約１５００円もした。日本に帰国後、慌てて日本とシンガポールの一人当たりの名目ＧＤＰを比較して納得した。２０１４年の数字で、シンガポールが一人６４６万円だったのに対し、日本は３８４万円だった。富裕シンガポールの人のほうが私たち日本人の１・５倍の所得を稼いでいる。

　さらに衝撃なのは２０１４年のドル建て国民一人当たり名目ＧＤＰの世界ランキングである。トップは工業国として発展したルクセンブルグ、２位以下はノルウェー、カタールなど北欧や中東が目立つ。シンガポールは９位だ。残念ながら、日本は27位である。ちなみに、１９９３年は世界３位だった。その後の失われた10年を含む20年間で順位を落とすなか、シンガポール、香港に抜かれ、韓国と台湾が迫ってきている。このまま手をこまぬいていたらさらに順位は下がっていくだろう。我々は年々生活の豊かさを感じにくくなってきているのだ。

民間企業の一人当たり年平均給与についても、身近には上がっていると感じていても、ドル建てで比較すると減少が明らかだ【図９】。グローバルな視点に照らすと、日本を取り巻く変化は円安だけではない。人口が減り、国力が落ち、人々は貧しくなってきている。そんな中で今、私たちはインバウンド2.0の時代を迎えているのである。

第2節　「爆買い」は自然増

■円安とアジアの経済成長

まさにこうした危機的な状況において、日本経済を支える旗手として期待されているのがインバウンドである。豊かになったアジアの人々の「爆買い」は今や日本人誰しもが知る現象となった。２０１４年の訪日外国人一人当たり旅行消費額は前年比10・6％増の15万１１７４円で、過去最高額となった。全体では43・1％増の2兆２７８億円と初めて2兆円を突破。国籍・地域別では中国が前年の2倍を超える約５６００億円となり、総額の4分の1を超える額を占めるようになったほか、タイ、台湾、マレーシアなども大幅に増えている。まさに経済成長著しいアジアの国々のパワーが日本に外貨をもたらしていることがうかがえる。実際、ベトナム、インドネシア、中国などＧＤＰがこの5年で増えている国・地域は訪日客数も増加している。２０１５年の訪日外国人旅行消費額は3兆円を突破する可能性もある。なかでも買物代＝ショッピングの増加は著しく、買物代でインバウンドGDPの40％を超え、消費金額は1兆4000億円超にさえ達する可能性もある。

しかし、これは圧倒的な円安とアジアの経済成長に伴う、いわば自然増に過ぎない。円の価値が驚くほどのスピードで下落し、アジアをはじめ世界中の人々からみれば、日本の物産全部がバーゲンセールされているようなものだ。

2015年に入り、韓国はMERS、香港は反政府デモ、タイはクーデター騒ぎ、マレーシアは相次ぐ航空機事故などにより、それぞれ国際観光目的地として敬遠される要素を抱えており、まさに「棚ぼた」式で訪日客が増えているにすぎないのだと自戒すべきである。為替相場はいつ大きく円高にふれるかも分からない。また、国際的な事件がいつ起こるかもしれない。インバウンドは前述のとおり極めて脆弱な産業なのだ。

インバウンド戦略はもちろん、我が国の重要な未来戦略である。しかし、過度な依存は危険だ。また、今の訪日観光需要はインバウンド2.0の到来で地方に拡散しつつあるものの、東京・大阪間のゴールデンルート、京都、北海道、沖縄などの主要観光地の人気は依然として格段に高く、地方の未来を変えるほど全国各地への拡散はしていない。観光先進国のショッピングフェスティバル、PR戦略などを全国レベルで研究し、多彩なプロモーション戦略を展開していく必要がある。

【図10】旅行消費額の国籍・地域別構成比

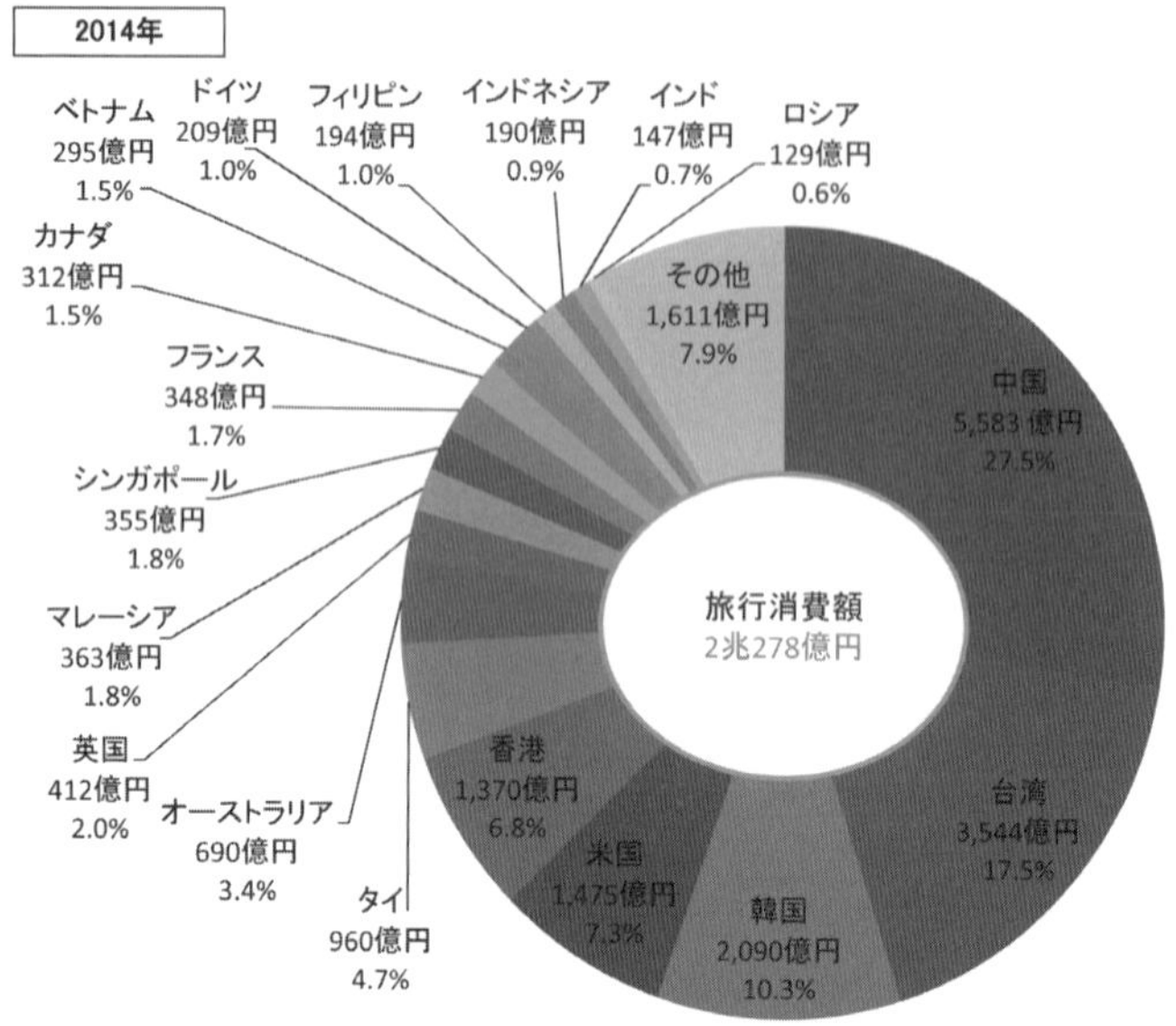
2014年
中国 5,583億円 27.5%
台湾 3,544億円 17.5%
韓国 2,090億円 10.3%
米国 1,475億円 7.3%
香港 1,370億円 6.8%
タイ 960億円 4.7%
オーストラリア 690億円 3.4%
英国 412億円 2.0%
マレーシア 363億円 1.8%
シンガポール 355億円 1.8%
フランス 348億円 1.7%
カナダ 312億円 1.5%
ベトナム 295億円 1.5%
ドイツ 209億円 1.0%
フィリピン 194億円 1.0%
インドネシア 190億円 0.9%
インド 147億円 0.7%
ロシア 129億円 0.6%
その他 1,611億円 7.9%
旅行消費額 2兆278億円

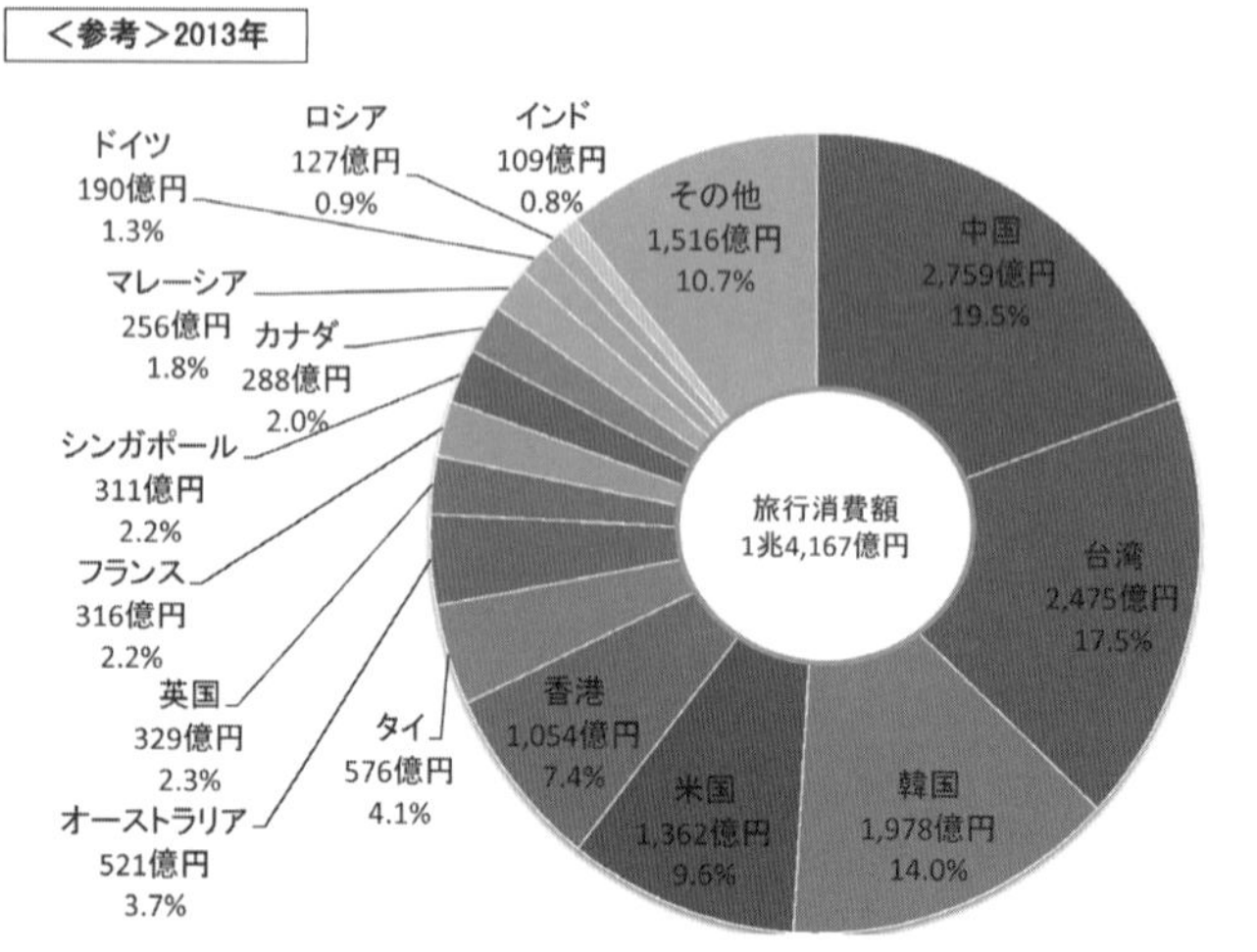
＜参考＞2013年
中国 2,759億円 19.5%
台湾 2,475億円 17.5%
韓国 1,978億円 14.0%
米国 1,362億円 9.6%
香港 1,054億円 7.4%
タイ 576億円 4.1%
オーストラリア 521億円 3.7%
英国 329億円 2.3%
フランス 316億円 2.2%
シンガポール 311億円 2.2%
カナダ 288億円 2.0%
マレーシア 256億円 1.8%
ドイツ 190億円 1.3%
ロシア 127億円 0.9%
インド 109億円 0.8%
その他 1,516億円 10.7%
旅行消費額 1兆4,167億円

出典：観光庁

第3節　期待すべき新アクション・プログラム

■大きく変わったものの考え方

日本政府も手をこまねいているわけではない。これからの日本の観光戦略の大きな柱として期待されるのが、2015年6月5日に発表された「観光立国実現に向けたアクション・プログラム2015」だ。観光立国を進めるために国が一丸となって取り組むべき内容をまとめたものだ。

アクション・プログラムは、観光立国推進閣僚会議が2013年6月に発表したのが最初だが、同年9月に2020年の東京オリンピック・パラリンピック開催が決定したことを受け、安倍晋三首相が改定を指示。「日本は2020年オリンピック・・パラリンピック東京大会の開催という大きなチャンスを得た。これを追い風に、2020年に向けて2000万人の高みを目指す」と新たな目標を掲げ、

①「2020年オリンピック・パラリンピックを見据えた観光振興」

②インバウンドの飛躍的拡大に向けた取り組み
③ビザ要件の緩和など訪日旅行の容易化
④世界に通用する魅力ある観光地づくり
⑤外国人旅行者の受け入れ環境整備
⑥ＭＩＣＥ（会議、報奨旅行、国際会議、展示会などの総称）の誘致・開催促進と外国人ビジネス客の取り込み

という６つの柱がたてられた。

この改訂版である今回のプログラムは、年に一度の見直しという既定路線に沿って策定されたもので、柱も２０１４年度版と同じ６つ。このうち、戦略的取り組み、ビジネス客の取り込み、五輪を見据えた取り組み、受け入れ環境整備の４つは、２０１４年度版と似た内容となっている。しかし、プログラムの考え方そのものが大きく変わった点に、私は真の基幹産業への決意が見える。アクション・プログラムのポイントについては以下に記すが、観光庁のホームページに全文がＰＤＦで公開されている。

「観光立国実現に向けたアクション・プログラム2015」のポイント

①インバウンド新時代に向けた戦略的取組

●「色とりどりの魅力を持つ日本」の発信と地方への誘客
●未来を担う若い世代の訪日促進
●欧米からの観光客の取り込み
●現地における訪日プロモーション基盤の強化
●オールジャパン体制による連携の強化
●ビザ要件の戦略的緩和
●インバウンド・アウトバウンド双方向での交流促進

②観光旅行消費の一層の拡大、幅広い産業の観光関連産業としての取り込み、観光産業の強化

●「訪日外国人による観光消費拡大・地域活性化プログラム」
●幅広い産業のインバウンドビジネスへの参入促進

●観光産業の活性化、生産性向上に向けた人財育成等

③地方創生に資する観光地域づくり、国内観光の振興

●広域観光周遊ルートの形成、発信
●来訪者が地域の魅力を体感し、再び訪れたくなる観光地域づくり
●世界に通用する地域資源の磨き上げ
●豊かな農村漁村、日本食・食文化の魅力
●観光振興による被災地の復興支援
●「ＬＣＣ等・高速バス支援・国内活性化」プログラム
●日本の魅力を活かした船旅の活性化
●鉄道の旅の魅力向上
●テーマ別観光に取り組む地域のネットワーク化による新たな旅行需要の掘り起こし
●国民の旅行振興に向けた意識醸成・環境整備

④先手を打っての「攻め」の受入環境整備

●空港ゲートウェイ機能の強化、出入国手続きの迅速化・円滑化
●宿泊施設の供給確保
●貸切バスの供給確保、貸切バスによる路上混雑の解消
●通訳案内士制度の見直しによる有償通訳ガイドの供給拡大等
●「地方ブロック別連絡会」を最大限活用した、地域における受入環境整備に係る現状・課題の把握と迅速な課題解決
●多言語対応の強化
●無料公衆無線ＬＡＮ環境の整備促進など、外国人旅行者向け通信環境の改善
●公共交通機関による快適、円滑な移動のための環境整備
●「クルーズ１００万人時代」実現のための受入環境の改善
●ムスリム旅行者の一層の受入促進
●外国人旅行者の安全・安心確保
●観光案内拠点の充実、外国人旅行者への接遇の向上等

⑤外国人ビジネス客等の積極的な取り込み、質の高い観光交流

●外国人ビジネス客の取り込み強化
●ＭＩＣＥに関する取組の抜本的強化
●ＩＲについての検討
●富裕層の取り込みと外国人長期滞在制度の利用促進
●質の高い観光交流の促進

⑥「リオデジャネイロ大会後」「２０２０年オリンピック・パラリンピック」及び「その後」を見据えた観光振興の加速

●オリンピック・パラリンピック開催をフルに活用した訪日プロモーション
●全国各地での文化プログラムの開催
●オリンピック・パラリンピックを機に訪日する外国イン旅行者の受入環境整備
●オリンピック・パラリンピック開催効果の地方への波及
●オリンピック・パラリンピック開催を契機としたバリアフリー化の促進

新たな達成数値目標

●訪日外国人旅行者数
3000万人が訪れるような国づくり

●外国人旅行消費額
14年2兆2278億円↓2000万人来訪年4兆円

●地方免税店数
15年4月1日時点約6640店↓17年1万2000店　20年2万店

●無料公衆無線LAN
14年約10万カ所↓20年約12万9000カ所

●海外からの教育旅行者数

13年度約4万人↓20年までに約6万人

●新規雇用創出

13年447万人（旅行、宿泊、スポーツ、娯楽、輸送業）↓2000万人来訪年40万人創出

■消費金額目標が初めて明文化された

具体的に何が変わったのか。「アクション・プログラム2015」は副題を『2000万人時代』早期実現への備えと地方創生への貢献、観光を日本の基幹産業へ」と銘打ち、「観光の基幹産業化」を初めて明示的にうたった。2014年の訪日客消費額の急伸により、日本の旅行収支は1969年以来55年ぶりに黒字に転換している。アウトバウンド［海外旅行］における日本人支出より、訪日外客の消費額が約2100円の超過となったのである。インバウンドとは、外国人が日本に来て買い物をして自国に日本の商品を持ち帰る。

あるいは、食事や観光で体験した無形の思い出を持ち帰ることである。インバウンドは輸出産業であり、内在化された外需に他ならないのだ。貿易赤字が常態化するなか、今やインバウンドが国の屋台骨を支える産業＝基幹産業化し始めていることが認められたのだ。

アクション・プログラムでまず評価すべきは、プログラムの冒頭の「はじめに」で、「今まで以上に、『稼ぐこと』を明確に意識して推進していく。（中略）２０００万人が訪れる年に、外国人観光客による旅行消費額４兆円を目指す」と明記した点だ。欧米の政府は以前から、すでに観光立国の主要ＫＰＩ（重要業績評価指数）に、訪問者数の他に外客消費額を盛り込み、その最大化に強く留意してきた。従来、訪日客数のみに拘泥してきた日本も、ようやく主要国と同じ視点に立ったわけだ。

観光庁の関係者に聞いたことであるが、２０００万人来訪時代に４兆円という旅行消費額目標を設定するに当たっては、観光庁内で逡巡する意見もあったという。しかし、久保成人長官（当時）の決断によって明文化が実現したという。英断だ。世界の観光大国であるフランスやスペインのインバウンドＧＤＰはすでに８兆円に届く勢いだ。４兆円は決して手の届かない目標ではない。

稼ぐためには、2014年に訪日消費額の構成比で最上位（35・2%）に躍り出た、ショッピングの振興が不可欠だ。アクション・プログラムの6つのポイントの②の「訪日外国人による観光消費拡大・地域活性化プログラム」の一つとして「消費税免税制度拡充を契機としたショッピング・ツーリズムの振興と地方における消費拡大」で触れられたとおり、2014年10月から施行された全品免税制度の徹底活用は不可欠である。2015年4月に発表された免税店数は全国で1万8779店。しかし、地方立地の免税店は約6650店と、いまだその約3分の1にすぎない。これを今回、「2017年に1万2000店規模、2020年に2万店規模に増加させる」と目標が明記されたのは、重要な視点が加わった表れだ。

■役割増すＪＮＴＯ

プログラムのポイント①「インバウンド新時代に向けた戦略的取組」において、「ビジット・ジャパンの旗手である」という形容詞を監視、日本政府観光局（ＪＮＴＯ）の役割強化が強調されている。「海外現地での訴求力を高め、川上（現地）から直接的で強力なプロモーションを展開していく」、「ＪＮＴＯが地方自治体との連携を深め、プロモーションの時期・内容について緊密な情報共有を図る」などの文言が連ねられている。

２０１５年度からＪＮＴＯは、これまで観光庁が担ってきた訪日プロモーション事業の直接執行機関となった。世界各地のＪＮＴＯの所長、職員諸氏の士気の高まりは、私も現地を訪問するたびに実感している。ＪＮＴＯの役割は今後さらに増していくだろうが、主要各国に比べ、まだまだ観光振興に対する予算、人員数、海外拠点数は大きく見劣りする。２０１５年度のＪＮＴＯの総予算は65億円、ビジット・ジャパン・キャンペーンの12億円を加えても77億円にとどまり、前年からほとんど増えていない。海外拠点数の14も、スイス29、英国31、シンガポール29などの半分にすぎない。さらなる予算・陣容の拡充が必要だ。特に、国内の地方拠点は皆無だ。地方連携推進のためには、国内拠点を少なくとも地方運輸局設置都市数ぐらいは配備すべきだ。

■高度人財育成が急務

ポイント③の「地方創生に資する観光地域づくり、国内観光の振興」については、「『観光地経営』の視点に立って観光地域づくりの中心となる組織・機能（日本版ＤＭＯを確立）」

する施策が新たに盛り込まれた。ＤＭＯとは、Destination Management Organization（デスティネーション・マネジメント・オーガニゼーション）の頭文字で、まさに観光地経営の専門組織だ。ＤＭとは観光地の個々の観光資源をバラバラにではなく、効率的・有機的にマネジメントする考え方で、欧米の観光先進地域ではすでにフル稼働している。日本には各自治体に観光協会等があるが、プロモーション機能はあっても地域全体の戦略的経営にまでは足を踏み入れていない。

組織はハコでしかなく、中身ではない。良質な中身、すなわち良質な専門人財育成こそが日本版ＤＭＯ成功のカギとなる。ＤＭＯのリーダーは天下りの素人の公務員やそのＯＢ、国内観光しか知らない人材では役不足だ。数年でいなくなる人には勤まらない。実業経営者としての経験や国際マーケティングの専門知見、地域の利害を調整しうる高度な公共哲学的視点を備えたリーダー、すなわちＤＭＬ、Destination Management Leader（デスティネーション・マネジメント・リーダー）でなければ機能しない。こうしたＤＭＬを全国で育成すると同時に、ＤＭＬが一同に会し、自地域の課題を持ち寄り、互いに交流したり、専門家から学んでさらに成長できたりする研修の機会、すなわち全国的なＤＭＬネットワークの創設も必要だと思う。これは民間だけではできない。国、自治体、日本版ＤＭＯのバックアップとリーダーシップがあってこそ成り立つものである。

海外での人脈を蓄積するには、少なくとも5年はかかる。リーダーだけでなく専門スタッフ育成を含め、インバウンド人材の育成プログラム開発と体制整備が急務だ。もちろん、これはＤＭＯ、ＤＭＬ要員の話にとどまらない。すべてのインバウンド事業分野において喫緊の課題である。

ポイント④「先手を打っての『攻め』の受入環境整備」では、急増するインバウンド需要に対応するべく、空港での出入国審査（ＣＩＱ）体制の強化に加え、宿泊施設と貸切バスの供給確保などの施策強化が言及された。まさに今、想定を超えたスピードで増え続ける訪日外客数に、国内のインフラが追いつかなくなっている。

特に深刻なのが、東京・大阪をはじめとする主要都市のホテル、有名観光地の需給バランスのひっ迫だ。解決策として「ゲストハウス等の多様な宿泊施設の活用」や「自宅」貸し、「民泊サービス」や「国家戦略特別区域外国人滞在施設経営事業の早期実施」の検討などが列記されている。実際、世界の趨勢であるシェアリング・エコノミー拡大を背景とした、エアビーアンドビー等への法的対応は後手に回っている。東京・大阪などの大都市は訪日客のまさにゲートウェイシティであり、ハブである。地方を周遊する訪日客も初日か最終日は必ずこうした大都市圏に滞在する。ここがボトルネックになっていたのでは話にならない。規制緩和が急務である。

他方で、日本は今、急速な人口減少により空き家・空きビル問題が顕在化している。日本の総住宅数は６０６３万戸だが、そのうち空き家数は13・5％に上り、空き家率は13・5％に達する。これは地方だけの問題ではない。首都圏や京阪神圏でも状況は深刻化、主要先進国中最悪の状況だ。さまざまな規制緩和でこうした空き家や空室のリノベーション対応が促進され、訪日外客への宿泊施設としての供給が実現すれば、インバウンドのボトルネック解消に資するだけでなく、不動産市場の活性化や建築内装事業者の新たな有効需要喚起にもつながる。インバウンドは経済波及効果が途方もなく大きな、まさに基幹産業である。

■ＦＩＴの時代へ

「観光立国実現に向けたアクション・プログラム２０１５」は、これまで訪日外国人の人数のみに焦点が当たっていた国家目標に、初めて旅行消費額という視点が明記された点で非常に画期的だ。訪日消費総額とは①訪日客数×②客単価である。この①、②両方の数値を上げていく戦略が重要になる。もっとも、訪日外国人客数の増加は、アジア・太平洋の経済成長が進み、各国のＧＤＰが上昇し、訪日ビザ緩和といった国家施策がとられる中、当然の状況とも考えられる。今後も毎年20～30％ずつ増加していく可能性が高い。今後、円高や国際関係などの影響を受ける可能性はあるものの、５～10年の中長期的なスパンで考えると、訪日客数は５０００万人を突破するポテンシャルがある。一方、②の客単価についてては、戦略立案を国に頼るのではなく、民間企業の努力がなければ不可能だ。

では、具体的に客単価を上げ、企業の利益率を高めていくためにはどうすればいいか。インバウンド2.0から3.0へとバージョンアップする上でも、今は個人旅行（ＦＩＴ）への対応を強化が急務だ。もはや団体旅行（ＧＩＴ）の時代は終わり、ＦＩＴの時代が始まった。先日、台湾出張の際、タクシー内では、運転手氏がつけていたラジオで日本の人気歌手、福山雅治の最新楽曲が流れていた。Ｊ-ＰＯＰはラジオだけでなく、台北のコンビニでもよく耳にした。韓国の友人たちは、会うたびに日本の今流行りのドラマの細やかな感想を私に自慢げに話す。もはや、台湾・韓国と日本国内の流行トレンドとの時間的ギャップはない。台湾ではＬＩＮＥ、フェイスブック、韓国ではカカオトークなどのＳＮＳで、ほぼリアルタイムの日本のＰＯＰカルチャーや商品情報がＣ to Ｃ（消費者間）で行き交う。

直近でこそ、一時期に比べ対ドルでやや円高に振れ、１ドル１１９円程度で推移しているが、なおも円安基調は続く。円の対台湾ドル、対ウォンの為替レートも同じだ。４～５年前に比べれば、円安のおかげで３～４割安で、日本の旅と買物が楽しめるのだ。毎日が事実上のバーゲンセールだ。円安のおかげだけではない。この数年で、台湾・韓国のドル建ての一人当たりＧＤＰも上がり、彼ら自体が豊かになってきている。２０１４年に露わになったこの韓国・台湾のＦＩＴ化のトレンドは、２０１５年も断然続いている。初訪日の際は、韓国人、台湾人ともに、たいていまずはＧＩＴ商品を購入し、ガイド付き団体バスで移動する。しかし、２回目以降の訪日時、お仕着せの団体活動では誰もがもはや満足しない。これは、かつてわれわれ日本人の誰もがアウトバウンド（海外旅行）で経験してきたことだ。

実はこの変化の背景には、今もう一つの理由がある。それは、意外にも、「中国人ＦＩＴ客の」急増だ。中国も、いつの間にか団体観光客よりもむしろ、ＦＩＴの数が増えている。２０１４年はＧＩＴ４割、ＦＩＴ６割と、ＦＩＴが上回ったとみられている。要因は２つある。

まず（1）尖閣諸島問題が大々的にマスコミで報じられていた時、おおっぴらに中国本土の旅行会社が主催旅行商品を売りにくくなり、その分、ひそかに個人旅行手配を強化したこと。

そして、（2）日本国政府が２０１５年1月以降、個人観光ビザの発給要件を大幅緩和したことだ。

この結果、対円人民元高も相まって、空前の訪日ブームが湧き起こり、ＬＣＣの増便もあり、ＦＩＴの中国人訪日客が激増したのだ。もちろん、ＦＩＴだけではない。沿岸部というより内陸部からの中国人団体ツアーも増えている。そしてこれに伴い、首都圏・京阪神地区のホテル、観光バス、その他が中国人需要でパンクし、日本におけるランドオペレーションコストが高騰した。ホテル・バスを筆頭に訪日観光リソースの稼働率が上がり、仕入コストは急騰した。これにより、いわゆる「インバウンド・レート」（外客団体値引き額枠）がほぼ撤廃された。これにより、韓国・台湾の訪日団体旅行の日本国内の仕入値も上がった。ツアー客からすれば、団体旅行商品と個人手配とほとんど値段が変わらなくなったのだ。相対的に安いからこそ、不自由な団体活動を受け入れるツアー客も、値段に大きな差異がなければ、当然ＦＩＴを選択する。極めて自然ななりゆきである（なお、中国であれば、旺盛な購買欲求も相まって、赤字の仕入コストを特殊免税店からの法外なマージンでカバーするグレーな団体客商法もまかりとおる。しかし、台湾・韓国市場では、通用しない）。今後、韓国・台湾のＧＩＴは、しだいに尻すぼみとなり、結果として報奨旅行と教育旅行のみに収斂していくことだろう。

こうしたトレンドの大変化に応じて、われわれはどう対応していくべきか。まず、韓国市場から考察してみよう。韓国からのＦＩＴの特徴は、まず安・近・短だ。観光庁「訪日外国人訪日消費調査」においても、３日間以内の訪日客割合が41・０％と世界最多だ。その代わりリピーターが多い。旅行期間が短いため、フライトやフェリーでの渡航が楽な西日本が有利だ。韓国では、韓国旅客船セウォル号の海難事故以来、Ｋ－ＰＯＰコンサート等も開催自粛傾向にあり、その分ファンは日本の開催地に足を伸ばしている。韓国人は中国人ほど買い物しないという声も聞くが、これは実態とは違う。特にわがドン・キホーテの西日本の店舗群では、韓国人は上顧客だ。ウォン高も相まって、食品・酒・ファッション・化粧品など、幅広い商品群が売れている。また、中国人客に比べ、飲食費・遊興費に金を惜しまない。韓国の人は、広告よりも、自国の有名ブロガーや、友人の口コミで動く。気に入ったものは大胆に購入する。販促活動においては、日本よりも、韓国現地でのネット発信に注力すべきだろう。また、韓国はゴルフ人口も多く、登山ブーム・アウトドア（オルレ＝トレッキング）ブームで、日本側のＰＲ次第で、特に地方のポテンシャルの伸びしろは大きい。

では、台湾ＦＩＴ市場はどうか。台湾は韓国よりも地理的に若干遠いこともあって、滞在日数はやや長めだ。中心滞在期間は、４〜６日間。一人旅や少人数の韓国人に比べ、家族単位での訪日旅行が多い。親日家の比率も高く、いわゆるオタク系の若者も多い。韓国と違って、ドライヤー、高級カメラなどメイド・イン・ジャパンの家電製品の需要も高い。医薬品・化粧品、お菓子、食品など実に幅広い買い物をしてくれる。オタク系の若者は秋葉原のほか、日本のアニメの舞台となった各地の「聖地」巡りや、フィギュア・マンガなども貪欲に購入する。お笑いやＡＫＢやＪ-ＰＯＰに関する知識はわれわれ日本人以上に詳しく、時折そのウンチクに驚かされる。

韓国・台湾ＦＩＴに向けた共通戦略とは何か。それは、町・交通機関・宿・ショップでの、英語表記の徹底である。各国語表記の前に、世界の共通語英語の表記を徹底したい。接客もまず英語ができればいい。彼らの英語もけっしてネイティブではない。日本のおもてなしは、最初からハイレベルだ。あとは英語力あるのみ。その他、Ｗｉ-Ｆｉ整備、免税の免許取得は必須だろう。

マーケティングも点から面への変化が求められている。従来のGITは点のマーケティングだった。ツアーを実施する旅行会社に「ぜひうちのドライブインに立ち寄ってください」「うちの旅館に泊まってください」と働きかければ、ガイドや添乗員が案内してくれるBtoBの関係だった。ところが、FITは、面として地域全体の魅力を発信しないと、誰も来てくれない。FIT時代に必要なのは街ぐるみのマーケティングだ。GITからFITへのシフトにより、各地域でさまざまな着地型のアライアンスが求められてくる。GITはもはや絶滅危惧種である。もちろん、今はまだ団体観光に大きく依存している地域もあるだろう。ただ、今は良くても10年後、20年後を考えると、その地域のインバウンドは衰退しているかもしれないと覚悟すべきである。

第4節　日本がベンチマークにすべき国とは

■目指せ、スペイン！

客単価を高める取り組みの中では、今後のベンチマークについても視点を変えて考えておきたい。皆さんは、世界の観光大国トップ3をご存じだろうか。【図11】のとおり、トップはフランスであり、米国、スペインが続く。2014年フランスには8370万人が訪れている。日本は1341万人。ただ、アクション・プログラム2015の中にも訪日客の旅行消費額の数値目標4兆円が盛り込まれ、これからインバウンドGDPを上げていくには、各国・地域の国際観光収入についての視点をさらに重要視したい。国際観光収入ランキングでみると、1位は米国の1396億ドル、2位はスペインの604億ドル、3位がフランスの561億ドルとなり、スペインがフランスを逆転している【図13】。

また、日本は島国であり、海外からの訪日は空路と陸路に限られる。一方、人数でトップのフランスは鉄道、自動車などの陸路による入国が多い。そのため、陸路を除いた空路または水路による数にも着目したい。それによると、フランスの大半は陸路で来ているため、3068万人にとどまるのに対し、スペインが4972万人で圧倒的にトップ。スペインは島国である日本が、インバウンドGDP、受け入れ数の両面でベンチマークとすべき観光大国であるといえる。

【図11】外国人旅行者受入数ランキング

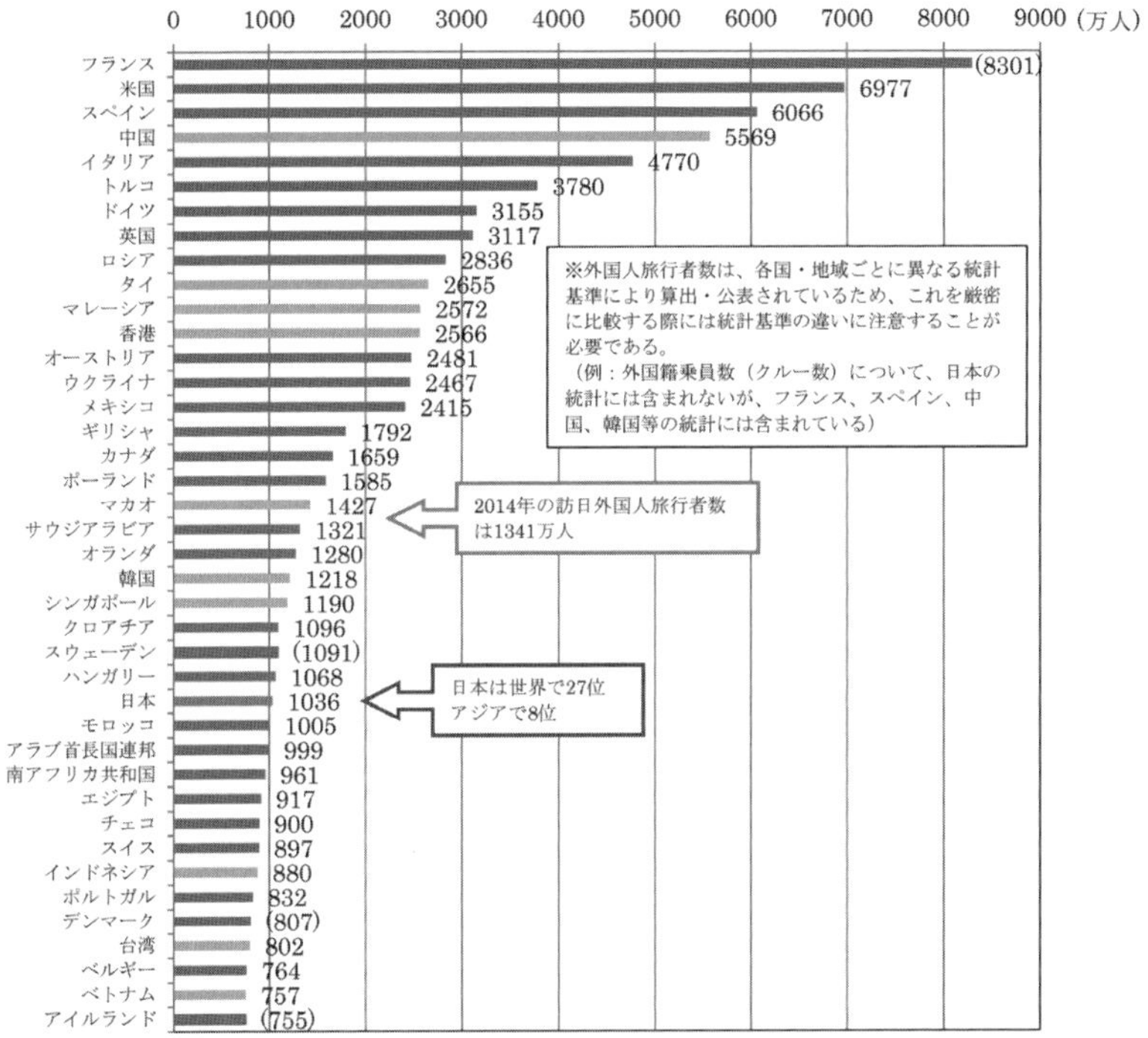

注1）ＵＮＷＴＯ（国連世界観光機関）、各国政府観光局資料に基づき日本政府観光局（ＪＮＴＯ）作成。

注2）本表の数値は2014年6月時点の暫定値である。

注3）フランス、スウェーデン、デンマーク、アイルランドは、2013年の数値が不明であるため、2012年の数値を採用した。

注4）アラブ首長国連邦は、連邦を構成するドバイ首長国のみの数値が判明しているため、その数値を採用した。

注5）本表で採用した数値は、韓国、日本、台湾、ベトナムを除き、原則的に1泊以上した外国人旅行者数である。

注6）外国人訪問者数は、数値が追って新たに発表されたり、さかのぼって更新されることがあるため、数値の採用時期によって、そのつど順位が変わり得る。

注7）外国人旅行者数は、各国・地域ごとに日本とは異なる統計基準により算出・公表されている場合があるため、これを比較する際には注意を要する。

出典：観光庁『平成 27 年版観光白書』

【図12】空路又は水路による外国人旅行者受入数ランキング

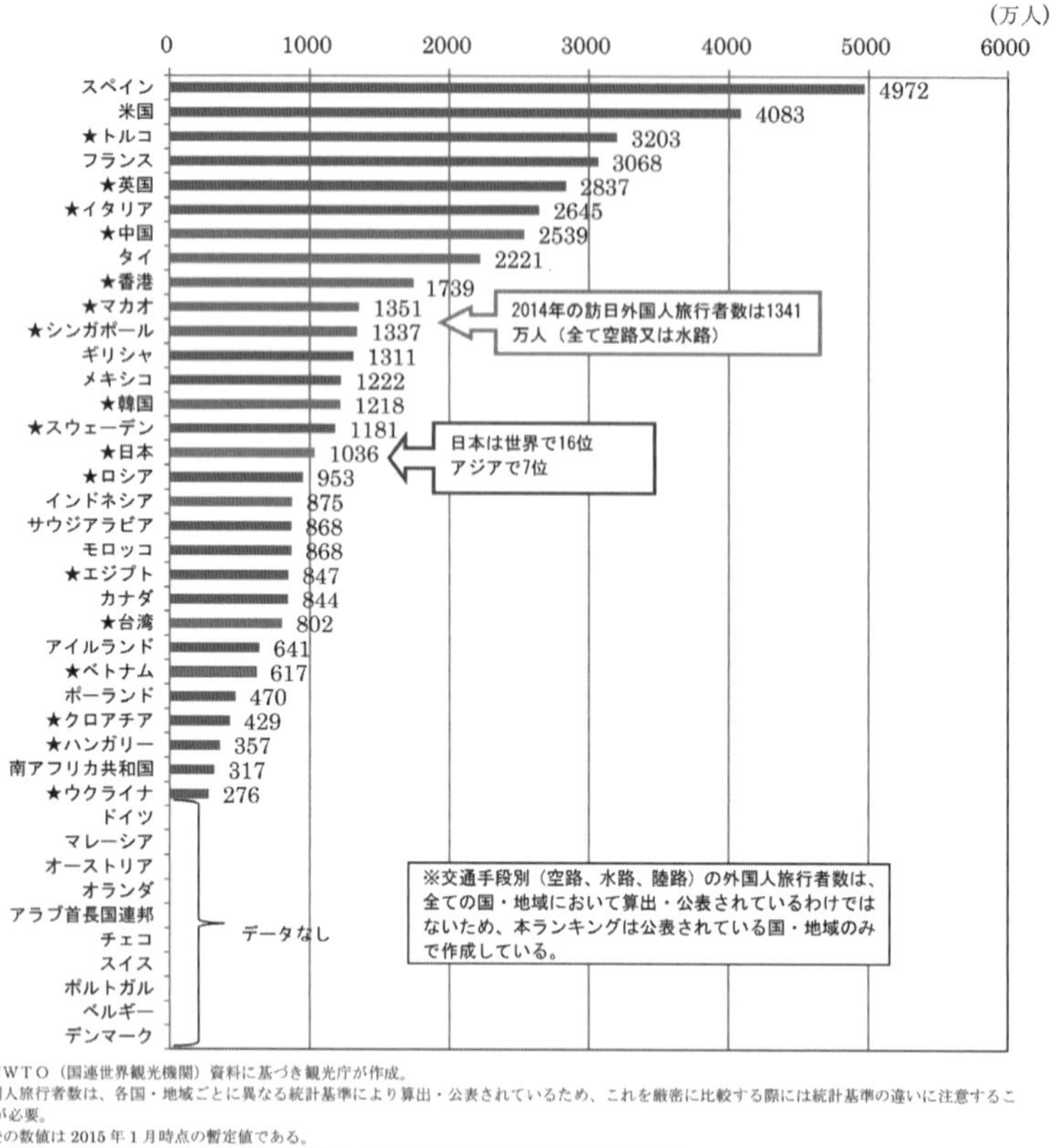

注1）UNWTO（国連世界観光機関）資料に基づき観光庁が作成。

注2）外国人旅行者数は、各国・地域ごとに異なる統計基準により算出・公表されているため、これを厳密に比較する際には統計基準の違いに注意することが必要。

注3）本表の数値は2015年1月時点の暫定値である。

注4）本表で採用した数値は、★印を付した国・地域を除き、原則的に1泊以上した外国人旅行者数である。

注5）本表で採用した数値は、空路、水路、陸路の交通手段のうち、陸路（自動車等による入国）を除いた外国人旅行者数である。

注6）ドイツ、マレーシア、オーストリア、オランダ、アラブ首長国連邦、チェコ、スイス、ポルトガル、ベルギー、デンマークは、交通手段別のデータがないため、空路又は水路による外国人旅行者数は不明である。

注7）外国人旅行者数は、数値が追って新たに発表されたり、さかのぼって更新されることがあるため、数値の採用時期によって、そのつど順位が変わり得る。

出典：観光庁『平成27年版観光白書』

【図13】国際観光収入ランキング（2013年）

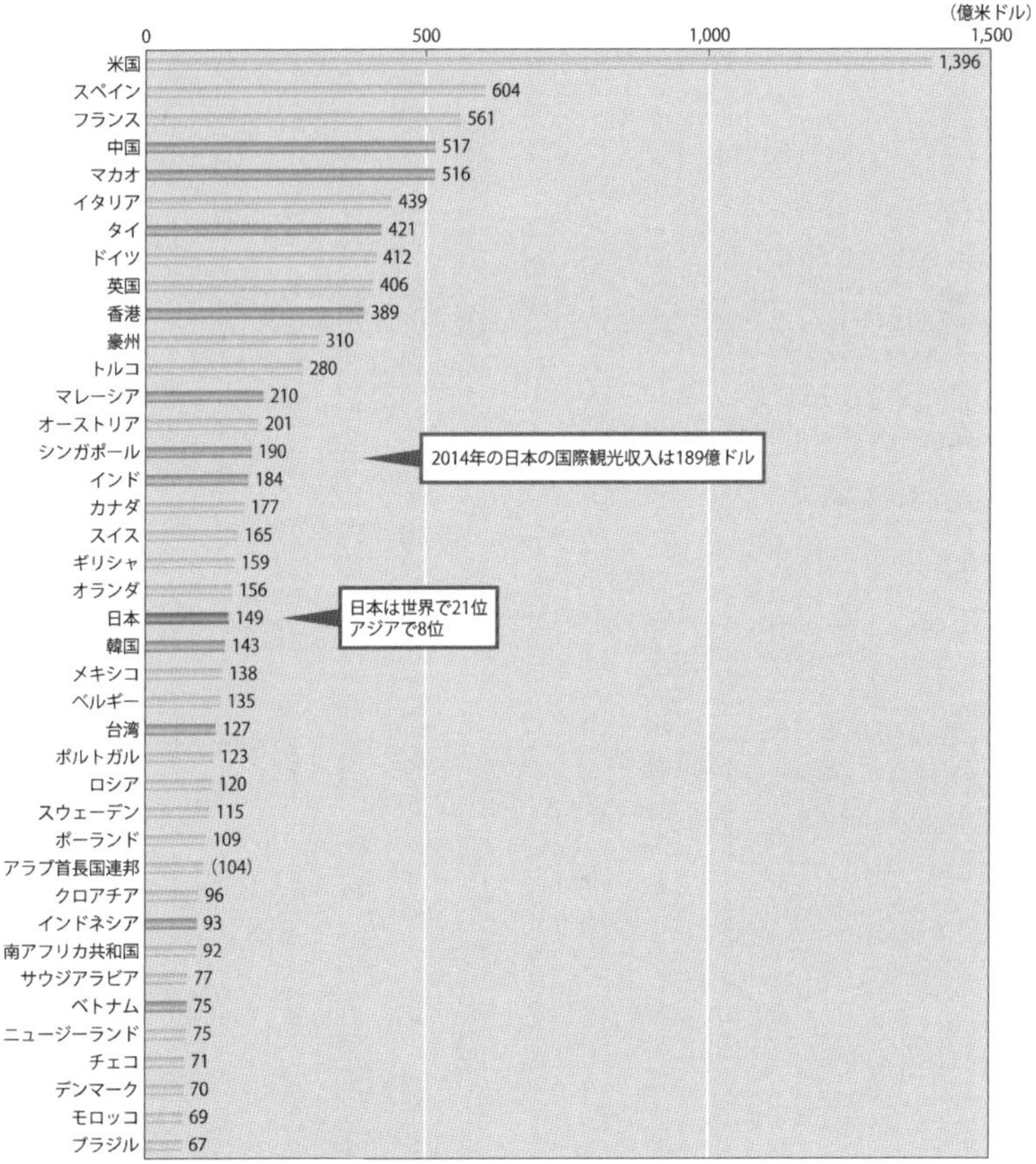

（注）1　UNWTO（国連世界観光機関）、各国政府観光局資料に基づき日本政府観光局（JNTO）作成。
2　本表の数値は2014年6月時点の暫定値である。
3　アラブ首長国連邦は、2013年の数値が不明であるため、2012年の数値を採用した。
4　本表の国際観光収入には、国際旅客運賃が含まれていない。
5　国際観光収入は、数値が追って新たに発表されたり、さかのぼって更新されることがある。また、国際観光収入を米ドルに換算する際、その時ごとに為替レートの影響を受け、数値が変動する。そのため、数値の採用時期によって、そのつど順位が変わり得る。

出典：観光庁『平成27年版観光白書』

シェアリング・エコノミーの可能性

〈日本でも広がる「家旅」〉

いま、日本のホテル業界は空前の好況に沸いています。訪日外国人の増加に伴い、今や日本国内の宿泊施設を利用する10人に1人は外国人。特に、東京、大阪を中心とした大都市圏や人気観光地の客室稼働率は急上昇し、部屋数が足りないという問題が現実化しつつあります。日本最大の激戦地・東京で、2014年6月に虎の門ヒルズの「アンダーズ東京」、大手町タワーに「アマン東京」といった高級ホテルが開業する一方で、ラブホテルやカプセルホテルに泊まりたいというニーズも顕在化。外国人には、日本人のようなラブホテルやカプセルホテルに対する固定観念はありません。特に、シティホテルのスイート並みの広さやジャグジーバスなどを誇るラブホテルは価格の安さもあって、宿泊したいという外国人のカップルやファミリーが急増しています。また、下町の雰囲気が人気の東京・浅草などに集積しているバックパッカー向けの宿泊施設は、宿泊者同士の交流や施設が提供する日本文化体験などの試みも人気を呼ぶ理由の一つです。

このようにホテル業界に異変が起きる中で、注目が集まっているのが民泊ビジネス。

そもそも民泊とは、いわゆる一般の家庭に泊まること。読者の皆さんも「シェアリング・エコノミー」という言葉を聞いたことはないでしょうか。シェアリング・エコノミーは海外ではすでに流行中で、インターネットを活用してモノやサービスを共有するビジネススタイルです。空き部屋、駐車場、車、労働力の共有が代表例で、なかでも最も利用者が多いのが、空き部屋のマッチングサービスです。

シェアリング・エコノミーの申し子とも言われ、世界で最も有名なAirbnb（エアビーアンドビー）は、2008年にアメリカ・サンフランシスコで創業した企業。現在、世界190カ国、3400都市、100万件以上の物件に宿泊できます。従来の宿泊施設との大きな違いは、部屋を世界中の人たちに貸したい一般の人の家に泊まれる「家旅（いえたび）」ということ。マンションの一室から木の上のツリーハウスまでさまざまな物件があり、旅や現地の人とのコミュニケーションが好きな人たちの間で人気が急上昇です。

現在のトレンドは、海外だけでなく日本国内でも利用する人が増えつつあるのがポイント。旅行系シンクタンクであるJTB総研の調査によると、空き部屋、駐車場などのマッチングサービスを利用したことがある人は100人に1人で、ここ一年で利用者が大きく伸びているのが空き部屋です。利用場所も国内が79・7％と海外の40・5％

に比べて高く、20代男女や外国人観光客の利用が多いよう。特に、外国人が多数訪れるであろう2020年の東京オリンピック・パラリンピックに向けて、東京ではさらに需要が増えていくと予想されています。実際、エアビーアンドビーは2016年リオデジャネイロオリンピックの公式宿泊施設提供者となり、期間中の宿泊施設不足の有効な解決手段として期待が寄せられています。2014年のサッカーW杯ブラジル大会では、10万人がエアビーアンドビーを利用して宿泊したとも言われます。

〈新しい条例制定目指す大阪府〉

ただ、こうした民泊ビジネスが日本で浸透するためには課題も抱えているのが現状です。なぜならば、民泊は本来、宿泊の対価を受け取らず無償。有償となれば、それは民家ではなく宿泊施設となり、旅館業法の規制を受けるからです。そこで日本政府も2015年6月に発表した「観光立国実現に向けたアクション・プログラム2015」（本書第2章参照）の中で宿泊施設の供給確保を重要課題として取り上げ、供給不足解消のため、民泊を積極活用する方針を提示しました。

その一つが国家戦略特区の外国人滞在施設経営事業で、首都圏に先駆けて、事業に乗り出したのが関西圏です。観光庁の宿泊旅行統計調査によると、2014年の大阪府の客室稼働率はシティホテルが85・5％と東京を抜く最高値。ビジネスホテルも83・2％と東京に次いで高く、安定的な宿泊の確保が喫緊の課題となっています。そこで、大阪府・兵庫県・京都府で構成する関西圏は、特区の枠組みを利用した事業へ名乗りを挙げ調査を開始しました。しかし、旅館業法に基づくホテルや旅館に比べ、衛生、治安、安全面での差、法的な拘束・実効性の低さなどが問題視され、大阪府・市議会に提出した条例案はいったん2014年9月には否決されました。しかし、これらの議論を踏まえ、居室から排出されるごみの回収、収集方法、騒音などさまざまな解決策が検討され、2015年秋の大阪府・市議会に再提案を提出することが決定されたところです。

民泊ビジネスをめぐる状況はまだ流動的で、これからどうなるか注目していきたいところ。ただ、この新しいビジネスを一層広げようと日本政府が舵を切っているのも確かなのです。

第3章

お・も・て・な・し
ニッポンの
課題と可能性

第1節　「おもてなし」に騙されるな

■ホスピタリティとサービスの違い

第2章では、インバウンドGDP、企業の利益率を上げるための方策の一つとして、これから本格的に到来するFITへの対応強化を挙げた。FITを取り込むために点から面へのマーケティングへと変化していく中で、必ずキーワードとなってくるのが、地域連携、街ぐるみによる「おもてなし」である。このおもてなしという言葉は今や、日本の観光立国の代名詞とさえなっている。最大の要因が、オリンピック・パラリンピックの東京への招致活動でのタレント・滝川クリステルさんのプレゼンテーションだろう。次にその一部を抜粋する。

東京は皆様をユニークにお迎えします。
日本語ではそれを「お・も・て・な・し」という一語で表現できます。

それは見返りを求めないホスピタリティの精神、それは先祖代々受け継がれながら、日本の先端文化にも深く根付いています。

このスピーチは多くの日本人に感動と自信を与えた。ところで、この「おもてなし」という言葉の意味を、きちんと説明できる人はどのくらいいるだろうか。実は、この日本のおもてなし文化とは、日本らしさなのか、外客に対する態度なのか、サービスなのか、非常にあいまいだ。本来、おもてなしの評価は私たちではなく、訪れた外国人観光客が決めるべきものである。決しておもてなしの言葉を否定するわけではないが、「日本はおもてなしがあるから世界に誇れる」といったあいまいな信仰に私たちが騙されることがあってはならない。

これからの日本のサービス産業は、もっとグローバルな標準でのホスピタリティ産業に育てていかなければならない。そもそも日本では、ホスピタリティとサービスの違いについてさえ、ほとんど知られていない。簡潔に言うと、「サービス」は対価に対する等価交換価値であるのに対し、「ホスピタリティ」は付加価値に相当するものである。ところが、日本では単に「サービス＝値引き」ととらえられやすい。それはグローバルな観点では大きな間違いで、サービスは対価に見合う役務を提供することである。つまり、これからのインバウンドは、プロダクト（小売店であれば商品、レストランであれば料理）とサービス（接客オペレーション）の提供に加え、等価交換を超えた「ホスピタリティ＝おもてなし」への注力が必要になってくる。

具体的に言うと、たとえばレストランで、どんなにきちんとした給仕＝サービスをしても、そもそもおいしい料理＝プロダクトがなくては何の意味もない。土台となっているプロダクト、サービスが安定していなければ、ホスピタリティの提供は難しい。プロダクトとサービスが安定して両立し、その上でホスピタリティ＝付加価値が加わって初めて、リピーター、ないし新規顧客が創出される。つまり、ホスピタリティこそがインバウンドを持続可能な産業に育てる唯一の源泉なのである。優れたホスピタリティは口コミを通じて伝わり、リピーター、新規顧客を生む。一方、旅館などで女将をはじめ従業員が見送りの際に客の姿が見えなくなるまでお辞儀してお見送りをするシーン。これはよく日本ならではのおもてなしとして語られているが、実はホスピタリティではない。なぜならば、あくまでマニュアルで規定されているものだからである。マニュアルに定義されている内容はサービスに過ぎない。それ以上の付加価値が提供できてこそ、ホスピタリティ、おもてなしである。おもてなしの正解はたくさん買ってもらうことではない。たとえば、ドン・キホーテでスーツケースに入りきらないほどお土産を買っていただいても、そのお客様の顔が曇っていては、二度と来ていただけないだろう。低評価の口コミが投稿される恐れも高い。お客様に満足して、笑顔（スマイル）で帰っていただくことこそがおもてなしである。売るべきは、スタッフの笑顔ではない。顧客のスマイルなのだ。

■カスタマー・ファースト

グローバルな視点でホスピタリティ、おもてなしを実践していくには、何から始めればいいのだろうか。まず、基軸となるのが「カスタマー・ファースト」という行動指針である。カスタマー・ファーストとは、21世紀に入り、日本を代表する企業であるトヨタをはじめ、世界の多くの企業が導入している戦略で、顧客第一主義を徹底することを意味する。言葉は違うが、ドン・キホーテグループにも、「顧客最優先主義」という企業原理がある。その一例として、お客様が買い物をする場所を「売り場」ではなく、「買い場」と呼んでいる。「売り場」は店がモノを売る場所のことで、主語はあくまで店。しかし「買い場」はお客様がモノを買う場所であり、あくまで主役はお客様という考えを現場のスタッフに浸透させる目的でそのように呼んでいる。

ホスピタリティの考え方は、その語源からもうかがい知ることができる。英語のホスピタリティ“hospitality”という言葉は、ラテン語のホスペス“hospes”が最初の派生の源だ。ホスペスの原義は「客人の保護者」ということ。ラテン語の「可能な」「能力のある」という意味のポティス“potis”と、古ラテン語で「ローマ領の住民でローマ市民等の権利義務を持つ味方としての余所者」という意のホスティス“hostis”という2つの語が合成されて作られたと言われている。すなわち、ホスピタリティの語源の中には、「異人や客人を歓待する」という意味が込められている。最初からグローバルな観点がひそんでいた。

外国からのお客様と接する際、初めから国内客（日本人）と区別するのは大きな間違いだ。国内客と訪日客の違いは言語だけであり、そのカベ、すなわち言葉のカベは取り除いてあげればいいだけのこと。国籍は関係なく、お客様はすべてお客様（All customers are equal!）なのである。

■カベを乗り越える方法

「おもてなし日本」を実現していくための課題は多いが、これまでのインバウンド1.0から2.0への歩み、経験の中で、具体的な解決策も見えてきている。今の日本に最も必要なのが、まず、「心のカベ」を取り除くことである。日本は江戸時代に2世紀半にわたり鎖国をしてきた歴史から、海外交流はひと握りの人が行うものであり、自分は関係ないという無意識の心の鎖、カベにとらわれている部分が残っている。ただ、これからの未来は違う。インフラの整備、丁寧な接客・接遇を心がける以前に、インバウンドに対する国民全員の考え方を改善しなければならない。見かけだおしのおもてなしはすぐ見破られる。そのためには、所属する組織のためのホスピタリティ、つまり、仕事をしている時だけのホスピタリティにとどまらないことが肝要だ。たとえば、地域の住民として、日常出会う外国人に対し、自発的に声をかける。そうした行動の繰り返しが、心の鎖を外すことにつながる。顧客だから、対価をもらうお客様だから対応するのでは、おもてなしでなくサービスに過ぎない。職業人としてだけでなく、プライベートでもグローバル精神を持って行動していきたい。

また、観光立国を目指すこれからの日本は、外国語によるコミュニケーション能力を全国民が基本的に身につけるべきこととなる。２０１２年度から小学校の学習指導要領が改訂され、公立の小学5年生から週1コマの外国語活動が必修となったが、これまでの日本人の外国語能力は決して高いものとは言えなかった。ただ、恐れることはない。今、日本を訪れている外国人観光客の圧倒的多数は中国語圏と韓国からだ。インバウンドの最前線に立つスタッフには、まず主要な言葉で感謝を表す「ありがとう」と「こんにちは」を覚えてもらうよう働きかけたい。ジェスチャー、身ぶり手ぶりで伝わらないことは限られている。ジェスチャーに加えて、感謝と歓待の気持ちを言葉で伝えることができれば、「言葉のカベ」の第一関門はクリアできるだろう。もっとも、訪日客の中心がアジアだからといって、いきなり中国語や韓国語などの特定言語に飛びつくのはグローバル・ホスピタリティではない。最重要は世界の共通語である英語だ。読者の皆さんもアジアの観光先進国へと旅行すると、観光産業に関わる多くの人に英語で対応してもらった経験があるだろう。そのたくましさこそ、日本は見習うべきである。

実は、日本国内市場に限って事業を行う場合と、インバウンド分野で事業を行う場合とで、決定的に違うことがある。それは国内市場において、どの民間企業にとっても、同業他社は間違いなくライバルだという点だ。これは「組織のカベ」といえる。ところが、そうしたライバル同士が、インバウンドではなくてはならない大事なパートナーになる。

サービスを提供する供給側の目線ではなく、顧客の目線に立って考えれば理論は明確だ。外国から日本にわざわざ足を運ぶ観光客は、日本で観光、飲食やショッピングを総合的に楽しみたいと思っている。「ニッポンを巨大な一つの商店街として考える」発想が必要なのだ。たった一軒しかない店にわざわざ訪ねていくだろうか。多種多様な選択肢の中から、自分の好みで飲食やショッピングができる場所を選ぶはずだ。

実際、今、日本の各地ではライバル同士が手を組んで外国からの旅行者を誘致する動きが広がっている。東京の新宿では2014年1月から、期間限定キャンペーンを、そして同年夏からは常設の委員会を、ビックカメラ（ビックロ）、伊勢丹、マツモトキヨシ、マルイ、ドン・キホーテ、ルミネ、高島屋、東急ハンズ、小田急百貨店、京王百貨店、新宿ＰｅＰｅ、ビクトリア、ＦＬＡＧＳが13社協働でショッピング・キャンペーンを行っている。最初は中華圏の観光客が多数訪れる春節の時期に限定した取り組みであったが、現地の旅行会社や新宿周辺のホテルの方々から好評との声をいただき、キャンペーンを春節、国慶節の時期に合わせて定期的に実施。各店の特徴や新宿の見どころをまとめた多言語ガイドブック&マップを半期15万部、通期で30万部制作し、全世界に発信している。その部数総数は今や累計で100万部を超えている（そして現在この新宿の活動は、今や札幌・横浜・名古屋にまで広がっている）。案ずるより産むがやすし。具体的に動けば、具体的な結果が見えてくる。いまだたとえインバウンド1.0のままという地域においても、ライバルの企業、異業種の企業を訪ねて共同販促の企画提案を持ちかけてほしい。国の出先機関や業界組合などの事務局に相談するのも手である。

カベは組織だけでなく地域にもある。「地域のカベ」だ。第2のゴールデンルートを目指す中部地域の昇龍道プロジェクトのように、地域連携、広域連携が進んでいるところがある一方で、いまだに「おらが町、おらが県に来てくれ」という域内限定プロモーションにとどまっている地域もある。外国人にとって県や市町村のカベはまったく関係ない。皆さんもたとえばフランスに旅行する際、パリ市内の滞在にどうしてもこだわるだろうか。自分の目的を満たせば、フランスの雰囲気を体感できれば、行きたい場所に行って満足するはずだ。その地域がどこに所属しているかなんてことは外国人のとってはどうでもよく、何に魅力を感じているかということである。

言うまでもなく、日本だけが「観光立国」の旗印を掲げているわけではない。バラバラの足並みでインバウンドはできない。最初から諸外国に負けている。日本も異業種同士、ライバル同士、官と民、地域と地域が携えて海外の観光立国としのぎを削っていこう。

第2節　生産性が低い日本の罠

■働けど、働けど

ホスピタリティを生み出すには、土台となる商品、プロダクト（商品、飲食店等なら料理）とサービス（接客オペレーション）が安定していなければならない。それに深くかかわってくるのが、従業員満足（ＥＳ）である。インバウンドの主力となるサービス産業においては、そこで働くスタッフが主体的に自分の判断でお客様の立場に立って行動することで、初めて生きたサービスが実行され、ホスピタリティが実行されるが、そもそも自らが働く職場に対して満足していなければ、そうした行動は起きない。

簡単に言えば、働く人が自分の会社のことを好きで、プロダクトに自信を持っていて、同僚と上司を信頼していなければ、お客様に対して「ぜひ、また来てほしい！」と心から思いながら行動することができず、すなわちお客様も「またぜひ来たい！」とは思ってくれない。海外から訪れるお客様に対しても同様で、私たち日本人同士が十分なコミュニケーションを取り、社会全体として迎え入れる風土を作っていなければ、また来たいとは思ってもらえないのだ。そうした風土につながる企業と社員の間のホスピタリティはさまざまな要素が複雑に絡み合うが、最終的には「理念浸透」、「エンパワーメント(権限委譲)」、「リーダーシップ」が大きく関与してくる。前述したドン・キホーテの「買い場」という考え方もそうであるが、組織の理念がパート・アルバイトまでを含めた末端まで浸透することで、スタッフは共通言語、共通価値観を持って仕事することができ、自分の判断で、その組織として最も適切な行動をとることができる。また自信を持ってその行動をとるために、スタッフ一人ひとりに対して責任と権限を持たせる権限移譲が不可欠であり、この2つのことを実現するのは優れたリーダーシップにほかならない。

日本は第二次世界大戦以降、約70年間にわたって規格大量生産社会、工業中心の社会だった。たとえば、原材料を輸入してモノを作って輸出で儲けようという発想はあっても、サービスとおもてなしでこの国を豊かにしようという国づくりはほとんどしてこなかった。

今や日本の産業別名目GDPにおける第三次産業、すなわち非製造業と広義のサービス産業の割合は7割を超え、国の経済の根幹をなす産業として成長を遂げている。しかし、日本のサービス産業の生産性は低い。世界の先進各国の年間実労働時間を比較したとき(総務省統計局「労働力調査」、2013年の数字で日本は平均2070時間だった。これは9カ国の中で、韓国の2163時間に次ぐ多い時間だ。世界一国際観光客を受け入れているフランスは1489時間と、日本の4分の3の労働時間だ。フランスをはじめ、総労働時間が少ないオランダ、ドイツなどの国々は概してGDPが高いことから、日本人が働きすぎている割に生産性が低いことが如実にわかる。

主要産業の労働生産性水準を米国と比べてみると（2009年）、日本の生産性がピークだった1990年代より悪化しているとはいえ、一般機械、輸送用機器などの製造業は依然として労働生産性で米国を上回っているのに対し、非製造業は軒並み米国を下回っている。インバウンド観光に深く関わる卸売・小売りは米国の生産性の41・5%、主力である飲食・宿泊に至っては26・5%にとどまっている。こんな状況が続くかぎり、インバウンドがどれだけ繁栄し、サービス産業の雇用が増えたとしても、日本がますます貧しくなるだけだ。

日本のサービス産業の働き方を再構築し、生産性を上げていかないかぎり、インバウンドは日本を支える屋台骨になることはできない。2015年をインバウンド3.0の元年として、国際観光人材の価値を高め、優秀な人材がインバウンド産業、国際サービス産業にエントリーする時代にしていかなければならない。

■国際観光サービス人材育成が急務

現在、日本ではインバウンドが活況を呈し、サービス産業においてもある程度、生産性は回復・向上していくだろう。しかし残念ながら、現時点ではインバウンドに関わるサービス産業の雇用は一過性であり、短期雇用、低賃金でとりあえず回してみようという考えが一般的だ。しかし、それではサステナブルな社会を構築することはできない。今、喫緊で必要なのは、国際観光サービス人材の価値を創造することだ。私はその考え方をヒューマン・イノベーション・マーケティング（ＨＩＭ）と呼んでいる。ＨＩＭはこれからの日本の観光立国に不可欠な国際観光サービスを高度化するヒトづくりである。

日本のサービス産業の生産性を低下させている大きな原因の一つが、繁忙期と閑散期の格差だ。年間の需要が安定・平準化していなければ、営業利益の確保、従業員の給与アップ、地域の雇用拡大につながらず、生産性はもとより内需の拡大も見込めない。日本の観光地にありがちな繁閑の格差は、訪日旅行商品を造成する海外の旅行会社の頭も悩ませている。今春、シンガポールで旅行会社と商談した時、特定シーズンだけの観光地は売りにくいとストレートに言われた。どういうことか。私たちが世界各地の旅行会社の訪日旅行をプロモーションする一方で、海外の旅行会社も莫大な販売促進費をかけて自国の国民に日本を売り込んでいる。しかしながら、旅行商品が特定のシーズンしか造成できないのでは大きなロスをし、応分のコストをかけることができない。インバウンドで成功しようと思うならば、年間を通じた観光開発が不可欠だ。それによって安定的かつ高品質な雇用が生まれ、ひいては地域の若者の結婚率、出産率のアップにも寄与できる。逆にそうした取り組みをしていかないかぎり、サステナブルな観光人材を維持することはできない。

もちろん、これまで国内客に対してもなかなか改善できなかった繁閑の格差をなくすのは容易ではない。ただ、発想を転換することですでに動き始めている地域はたくさんある。たとえば、第1章でも紹介した群馬県のみなかみ町は、これまで冬場のスキーと温泉が中心だった観光資源に、ラフティング、キャニオニングという夏の新しい観光資源を発案して国内外の新しい観光客を呼び込んだ。ただその一方で、冬場の需要は依然として停滞していた。そこで、ハリス氏が新たに着手したのが、スノー・キャニオニングというスキー板やボード板なしで冬の雪山を探検するスポーツだ。今の訪日客の主力であるアジアの人々には、自国では体験できない雪を目的に来日する人が多い。雪の代表的な観光素材は何といってもスキーだが、日本で一度体験しても、雪のない自国ではスクールに通ってもらうこともできず継続的に楽しむことができない。そこで、ハリス氏が考案したのが、日本人になじみが深いスキーとは別の視点で雪山をダイナミックに冒険するスノー・キャニオニングだ。これこそが、まさにサステナブルなインバウンドではないだろうか。

日本は既得権益を守るために規制緩和が複雑で規制されているとの論調が強いが、インバウンドの最前線を見ていてそうではないと感じることが多い。たとえば、みなかみ町のラフティングも、ハリス氏のような取り組みがある一方で、需要の高まりとともに未習熟なインストラクターが低賃金で働いているケースも散見される。日本でも観光地における各アクティビティの危機管理に対するレギュレーション（規制）を再検証する必要がある。成長分野で適正な競争が行われることは、ツアー単価、客単価、ひいては生産性の上昇につながる。

第3節　まさかの時のおもてなし

■備えあれば憂いなし

東京オリンピック・パラリンピックを控え、これから外国人を数多く迎え入れるためには、危機管理についてもさまざまな角度から点検する必要がある。私は2013年度に観光庁が設置した「災害時における訪日外国人旅行者への情報提供のあり方に関するワーキンググループ（WG）」に、委員の一人として参加し、観光庁をはじめ、気象庁・消防庁などの中央官庁、主要地方自治体、および旅館など民間の各委員の方々と、災害時の訪日外客への情報提供のあり方に関して、熱心に討議した。

2011年の東日本大震災時の訪日外客対応における積み残しの課題が、WG設置の大きな動機であったが、今回われわれの議論が民間向けの「自然災害発生時の訪日外国人旅行者への初動対応マニュアル策定ガイドライン」（以下、ガイドライン）、および自治体向けの「訪日外国人旅行者の安全確保のための手引き」（以下、手引き）として一般公開され、災害時の訪日客対応の指針として具体的に世に示すことができた。

１９６３年に策定された「災害対策基本法」第34条には、「防災基本計画」、第42条には「地域防災計画」の策定の義務がうたわれている。しかしこれまで、必ずしも外国人旅行者は、災害対策の対象には明確に含まれていなかった。国・自治体だけではない。われわれ民間施設においても、まだまだ十分な危機管理やマニュアル整備がなされてこなかったのは事実だ。これが、今回観光庁によるＷＧ設置によって、居住者（日本人・在日外国人）に加え、非居住者（訪日外国人旅行者等）への配慮を加えるべきことが真正面から議論されたことの意義は極めて大きい。観光立国の実現のために、世界中からの旅行者に安心安全を提供することは、当然のことだ。インバウンドで外貨を稼ぎたい。一人でも多くの訪日客を呼びたい。しかし、災害時の防災計画には、訪日客対応の言及も対策もない、では話にならない。

日本は２０１３年に史上初めて訪日外国人旅行者数１０００万人を達成し、わずか2年後に２０１５年には２０００万人に迫る１９００万人台の規模となるだろう。東京はもとより日本国中を訪日外国人旅行者が安心して旅行することのできる環境を整え、まさかのときも外客対応可能な体制の構築はまさに急務といえる。２０１１年の東日本大震災の時には、仙台観光国際交流協会に以前から登録していた「災害時言語ボランティア」が避難所巡回に当たるなど、在日外国人・訪日外国人のケアを行った。仙台市では、阪神・淡路大震災、２００４年の新潟中越地震といった過去の災害経験を活かして平時から外国人向けの防災訓練や研修会を重ねていたことが奏功したという。ボランティアの多くは仙台市内の大学に通う留学生や永住している在日外国人の皆さん。訪日外国人の危機管理においては、こうした在日外国人とのネットワークを日ごろから確たるものにしておくことも大切だろう。実際、避難が長期化した阪神・淡路大震災の際には、イスラム圏の人々のハラル食を、在日外国人のボランティアが避難所に届けていたとも聞く。

いうまでもなく日本は自然災害の多い国だ。地震、津波、高潮、台風、洪水などによる風水害、火山噴火、大雪等枚挙にいとまがない。２０１４年9月には御嶽山の噴火で登山を楽しんでいた数多くの貴重な命が失われ、２０１５年に入ってからも桜島の噴火に対する警戒が続いている。こうした国土に訪日客を呼び込む以上、万が一の際の対応は必須である。

■ドン・キホーテの危機管理対応事例

万葉集の有名な歌、「家にあれば笥（け）に盛る飯（いい）を草枕　旅にしあれば椎（しい）の葉に盛る」（家にいればきちんとした器によそうご飯を、今は旅の途中なので椎の葉に盛っている）。この句は、飛鳥時代に有間皇子が旅中に詠んだ句だ。この句に詠み込まれているとおり、旅とは、常に不自由を強いられるものだ。日常生活では何不自由のない暮らしをしていても、旅に出れば、すべてが不如意となる。いわんや外国を旅する際には、言葉のカベ、情報インフラのカベが立ちはだかり、災害時の一番の弱者は居住者、国内旅行者以上に、訪日外客であるともいえる。この基本的な事実を再確認することこそ、われわれが災害時マニュアルを策定する際、また現実に災害時対応をする際、肝に銘じておく必要がある。

ガイドラインの中にも「地震を経験したことがない訪日外国人は、地震が発生したことを理解できない可能性がある」ことへの留意が記載された。われわれ、地震慣れした日本人側の延長線上での発想そのものを疑う必要がある。おもてなしの基本は、常にサービスを受ける側の視点に立って、付加価値であるホスピタリティを提供することだ。提供者側の視点でいくら親切を押し付けても、顧客の十分な満足は得られない。災害時の対応もまったく同じだ。常に顧客の立場、すなわち訪日客の立場と目線に立った防災計画、対応が必須である。さらに、「災難は忘れたころにやってくる」ということわざにあるように、災害はまさかの時、適切かつ速やかな初動対応が可能となる。そのためには訪日外国人旅行者対応の組織体制、役割分担の明確化、対応体制を事前に確立しておく必要がある。

手前味噌な事例であるが、東日本大震災の時、当社グループの仙台市内の各店は店内食品（食品ほか）の一部を被災者の皆さんに現場の判断で即時無償提供した。東京の本社に判断を仰いでいては間に合わなかった。緊急時には現場の即断即決が求められる。そのためには災害時の権限移譲規定を明確にし、現場に裁量の幅をあらかじめ与えておかねばならない。何をすべきかだけでなく、何をしてよいかも定めておく必要がある。

万一の事態に備え、わがドン・キホーテは、災害時対応のマニュアル策定に加え、オフラインで使える多言語アプリにも緊急時の接客コンテンツを作成している。3・11時の教訓から、最低限必要な状況への対応を新たに盛り込んだ。このほか24時間365日対応の自社完全直営の多言語コールセンターの運用も行っている。目的は主に増え続ける免税販売対応のためではあるが、同時に災害時のグループ全店の訪日外客対応にも配慮したものだ。フリーのＷｉ−Ｆｉも全店に導入している。訪日客は情報弱者である。通信インフラはいまやもう一つのライフラインだと思う。

事業者ごとの社内・店内での災害時対応は無論大事だが、より重要なことは地域連携である。ガイドラインでも、地域の事業者間での情報交換の重要性について言及された。「災害発生時の訪日外国人旅行者対応についての情報交換や災害発生時の協力体制について話し合う事業者間での会合を定期的に持つ」べきことが明示されている。目下、当社も参加して新宿をはじめ全国各地で、官民連携したインバウンドの共同販促の委員会を組織しているが、こうした組織は単にプロモーションのための活動だけではうまくいかない。行政と連携しつつ、避難場所、災害時の協力関係などについての議論を欠かさないよう留意している。

外客対応で大切なのは、自然災害時だけではない。旅人は日常生活を離れ、環境の変化にさらされ、不如意、不案内な状況に常に直面している。読者皆さん自身の海外旅行を思い返していただくと分かりやすいが、思わぬ体調不良、病気、けがに見舞われることも多い。旅にアクシデントは付き物だ。大きな災害時への対応にとどまることなく、まさかのとき全般に対する日ごろからの備えと、万全の対応力こそ、日本の「おもてなし」の進化を発揮する場面でもあるだろう。「まさかのときの友達こそ真の友達」ともいう。まさに、備えあれば憂いなしなのだ。

Topic ③

儲かる！カンタン英語のススメ

これから外国人観光客を数多く迎える日本では、「言葉のカベ」を取り払うこと、特に英語での接客は必須です。私は、北海道から沖縄まで国内各地に出かけます。でも、どの町でも皆さん口をそろえて「外国人観光客には、もっとたくさん来てほしい。でも、うちの宿（店）には英語のできる人が少ないから、やっぱり無理かなあ」とおっしゃいます。一方、アジアを中心に海外に出かけることも多いのですが、向こうで言われるのは、「日本に行ってみたいけれど、言葉が通じないのが不安」ということです。

外客免税制度の改正によって食品、化粧品などの消耗品も免税になり、日本全国で免税免許を取得するお店が増えました。ただ、商店側の人と話をすると、「インバウンドの需要には期待しているが、語学が不安」という声が大半です。

一番大事なのは、ハートの問題、すなわち「おもてなしのマインド」だと、私も強く思います。でも、私たち日本人は、もともとシャイな民族です。言葉の問題などお構いなしでどんどん日本語で外国人に話しかけようといっても、やはり皆さん、尻込みしてしまいがちです。

私はインバウンド分野に携わるようになって以来7年間ちょっと、こうした状況を見てくる中で、日本が観光立国を実現していく上で、やはり英会話力アップが不可欠なのだということを痛感してきました。大半の日本人はこれまで、日常業務で英語を使うことはまれだったでしょう。でも、これからは違います。お店、宿、飲食店などのインバウンド現場最前線では、難解な英文法、高度な英会話を今さら勉強する必要はありません。そこで、私がオススメしたいのが、4単語で会話できる英語です。

〈会計はダウビー・ディスでOK！〉

たとえば、お店でもホテルでもレストランでも必ず必要な、会計時の「金額はこちらです」。日本円は桁が多く、どうやって説明するか躊躇してしまいがちです。

でも、実際、お客様に"Bill, please."（ビゥ・プリーズ）、すなわち「会計をお願いします」と話しかけられたら、レジや計算機を使って金額を指さして、"That'll be this."（ダウビー・

ディス）「金額はこちらです」といえばそれでＯＫ。英語で金額を言うより、言い間違いや聞き間違いを防ぐこともできます。また、私たちもそうですが、割り勘をしたい外国人も多いはず。そんな時は、"Separate?"（セパゥレイッ？）「割り勘にされますか？」と聞いてあげれば、さらに便利です。

また、これはドン・キホーテの現場から学んだことですが、外国人観光客に高い人気を誇るお土産の代表格が、和のイメージを連想しやすい抹茶テイストの商品。大阪の「道頓堀店」の店頭や「新宿東口本店」の地下1階に行くと、壁一面が緑で埋め尽くされるほど、ありとあらゆる抹茶商品が並んでいます。この抹茶については、英語で"green tea"と表示しているところも多いと思います。ところが、"green tea"は本来「緑茶」の意味。"green tea"と表記すると、「これは抹茶味ではない」と思われ、購買のチャンスを逃してしまう可能性があります。今や外国人観光客には抹茶"Matcha"という単語が知られていますので、正しく"Matcha"と表記したほうが、売上をアップするチャンスが広がります。

もちろん、文法を無視して話して大丈夫かと不安に思われる方もいらっしゃるでしょう。でも、たとえばあなたが海外旅行をしたとき、タイのバンコクやインドネシアのバリ島に行ったときのことを思い出してみてください。

5つ星の高級ホテルのスタッフは別としても、街なかの土産物屋やレストランで接客してくれた現地の人たちは完璧なイギリス英語やアメリカ英語を話していたでしょうか。誰もが商魂たくましく、片言の英語であっても旅行者と一生懸命のコミュニケーションを取ろうとしていたはずです。

〈ネイティブ英語は必要ない〉

実際、日本を訪れる外国人観光客の7割以上は台湾、中国、韓国、香港、タイ、シンガポールからの旅行者で、英語のネイティブではありません。つまり、多くの訪日外国人は、私たち日本人がネイティブのような流暢な英語で話しかけることをそれほど求めてはいないということ。むしろ、ジェスチャーを交えて一生懸命料理の説明をしてくれる名物女将の接客を楽しみに何度もその宿を訪れているという外国人さえいます。シンプルな英単語とジェスチャーを用いて英語を話すほうが通じることが多いのです。

加えて、外国の接客は日本に比べてずいぶんあっさりしています。皆さんが普段から実践している「おじぎ」やラッピング、お見送りといった行動だけでもおもてなしの心は十分伝わります。

つまり、お店、施設に外国人の方が多く訪れるようになっても、「きちんとした文法、発音で話さなきゃ」とパニックになったり、逆におどおどと敬遠してしまったりする必要はありません。まずは簡単な英語だけを覚えて、自信を持って笑顔で対応できるように今から準備すればいいのだ。また、こうした訪日観光の最前線の現場を将来の日本を担う子供たちに体験してもらうことで、語学への関心につなげることもできるでしょう。たった一言、"Hello! How are you?"と最初に声をかけるだけで、世界は大きく変わります。さあ、千客万来、皆で世界からのお客様を英語でお迎えしましょう。

『接客現場の英会話　もうかるイングリッシュ』
（朝日出版刊、2015年）

第4章

観光立国革命を起こそう

第1節　プレミアム・ジャパンの売り方

■イノベーションで生き延びる

現在の日本は「観光立国」なくして、人口急減社会に立ち向かえない危機的な状況に置かれている一方で、官民連携による外客誘致が進み、インバウンドGDPが日本経済に影響を及ぼし始めた状況にある。すなわち、インバウンド3.0時代に向けてバージョンアップし、地域住民全員が「これからはインバウンドの時代だ！」と自覚し、主体的に関わることが、サステナブルな地域を創生していく上で不可欠である。

サステナブルな新・観光立国を進めるために、では具体的にどうすればいいのか。端的に言えば、日本人の頭の中で、すなわち思考のフレームワークの中で、革命、すなわち「観光立国革命」を起こすことだ。革命は英語で"revolution"であり、そもそもの意味は「ひっくり返すこと」である。観光立国革命を起こすためには、これまで正しい、妥当と見なされていたものすべてを疑い、哲学的に再吟味して、新たな発想で立ち向かうことが必要である。

経済発展の原動力として、"innovation"「イノベーション」という言葉がよく使われる。イノベーション、日本語で翻訳されるところの技術革新は、オーストリア出身の経済学者ヨーゼフ・シュンペーター（1883〜1950年）が構築した理論がもとであり、そのシュンペーターが注目していたのがロシア人学者、ニコライ・コンドラチェフ（1892〜1938年）だった。コンドラチェフは1920年代、英国、フランス、米国などの卸売物価指数、公債価格、賃金、輸出入額、石炭・鉄鋼生産量の長期時系列データを分析した自身の研究から、景気変動は資源、技術革新、マネー・サプライ、戦争や内乱の4つの要因が絡み合うなか、約半世紀単位で経済循環が起きると主張した。これは、「コンドラチェフ循環」として、キチン循環、ジュグラー循環、クズネッツ循環と並ぶ景気循環の4大学説の一つとして広く知られている。残念ながら、当時の体制のもとでは机上の空論とされ、なおかつ当時の国家と相容れない理論として反革命の烙印を押され、本人とともに葬り去られた（コンドラチェフは文字通り処刑された！）が、その考え方に衝撃を受けたシュンペーターが、世界経済が定期的に後退していくのを阻止するためにイノベーションが不可欠だと唱えた。彼は、新しい効率的なやり方の登場によって、古い非効率なやり方が駆逐されていく「創造的破壊」を提唱した。これからの日本のインバウンドにも、日本社会の後退を阻止するためには、このイノベーションの考え方と同じく、部分的に改善していくのではなく、古い非効率なやり方を丸ごと刷新していく「創造的破壊」が重要だ。言葉の誕生時の故事からみても、イノベーションはまさに文字通り命がけの大業なのだ。本章では、すでにさまざまな刷新に取り組んでいる日本全国の事例を、ドン・キホーテの試みも交えながら紹介していきたい。

■世界は価値基準が一桁違う

付加価値を生むインバウンド革命最初のポイントは、「プレミアムなＪＡＰＡＮを売り込め！」である。実際、日本には優れた観光資源、サービスなどコンテンツが山のようにある。ただ、日本はその価値をどれだけ売り込めているだろうか。

２０１５年1月、山梨県で開かれた山梨中央銀行、やまなし観光推進機構共催のセミナーに講師として招かれ、インバウンド振興に関する講演をさせていただく機会があった。山梨県は２０１３年に富士山が世界遺産登録されて知名度が上がったこともあり、県内の訪日外国人宿泊者数がわずか1年で倍増。自治体担当者、民間の担当者の意識も沸騰している地域だ。その山梨で今、富士山だけではない広域観光につながるコンテンツとして注目されているのが、ワインツーリズムである。山梨県の甲府盆地は1870年（明治3年）に、「文明開化はワインから」を合言葉に日本で初めてワインの醸造が始まった場所だ。山梨県には約90のワイナリーがあり、そのおよそ半分で見学やワインの製造過程の講演や試飲を楽しむことができる。そんなワイナリーの一つである勝沼醸造は、1937年の創業以来、勝沼に根ざし、葡萄栽培から醸造まで一貫して手がけ、「たとえ一樽でも最高のものを」を理念に、スタッフ一丸となって終わりのない挑戦を続けている。勝沼醸造をはじめ、いまや山梨県内の多くのワイナリーが国際コンクールで数多くの賞を受賞している。地域資源を世界レベルに磨くことで、インバウンドの商機を開いた好例である。

勝沼醸造には「ARUGA（アルガ）」というワインブランドがある（私はこのブランドの個人的な大ファンである）。これを先日、中国人の友人に紹介した。彼は、「中村さん、こんなにおいしいワインがあるならもっと早く教えてよ。今、中国人観光客の多くはフランスのボルドーに行って、1本2～3万円するワインを山のように買い占めているけれど、このアルガは1万円以下で購入できるのに、ボルドーのものよりずっとうまい」と絶賛する。勝沼のワインはもちろん、日本酒、焼酎と、日本の酒蔵ツーリズムは、和食文化への注目とともに無限の潜在的可能性を秘めている。ただ、こうした高品質のワイン、日本酒を武器に誘客しようとしても、物産の力だけでは足りない。美酒を味わえるプレミアムなレストラン、オーベルジュ、宿泊施設、観光施設が有機的に存在してこそ、初めて観光客を惹きつけることができる。「今の季節だけ」「この場所だけ」しか買えない、味わうことができないという限定の付加価値もポイントになるだろう。

日本人はプレミアムの概念をあらためて見直す必要がある。長く続いたデフレ経済の影響で、日本人はモノ、コトの価値に対する価格基準がグローバル基準からずれてしまったからだ。たとえば、観光大国のフランスで最高級のプレミアムな宿になると、1泊数百万円というケースが少なくない。日本でもJR九州が運行する豪華寝台列車「ななつ星」は、ペア3泊4日で最高170万円という高額ながら、日本人はもちろんのこと、香港の旅行会社が丸ごとツアーを買い取るなどアジアの富裕層の間で大きな話題となっている。ツアーも数か月先でも予約が取れない。現在の日本のプレミアムの価値感覚は世界と一桁違っている。日本のインバウンド産業は、プレミアムの価値を世界水準でもう一度見直し、発想を変えることから着手しなければならない。

第2節　メイド・イン・ジャパンの売り方

■あえて海外製と比較する

観光立国革命を起こす次のポイントが、「メイド・イン・ジャパン」という視点の再点検である。平成26年度版観光白書によると、インバウンド消費が近年急速に拡大した主な理由は、アジアの経済成長による個人所得の上昇、円安、免税制度拡充による割安感の拡大、ショッピングをテーマとした訪日プロモーション、そして日本製品の品質に対する根強い信頼感だ。観光庁による「訪日外国人消費動向調査」でも、訪日旅行で最も満足した購入商品とその理由について、多くの商品分野において「品質が良いから」が1位となっている。さらに、「日本製だから」という理由も、電気製品で26・9％、化粧品・香水で11・8％、医薬品・健康グッズ・トイレタリーで6.9％、服・かばん・靴で4.7％と、いずれも高い割合で支持されている。

ただ、これからもっと「メイド・イン・ジャパン」を海外に広く売り込んでいくには、

【図14】訪日外国人旅行者が満足した商品の購入理由

（単位：％）

菓子類		電気製品		化粧品・香水		医薬品・健康グッズ・トイレタリー		服・かばん・靴	
おいしいから	68.5	品質が良いから	35.2	品質が良いから	37.9	品質が良いから	65.6	デザインが良い・かわいい・きれい	39.1
お土産にいいから・頼まれたから	16.0	日本製だから	26.9	価格が手頃・自国より安いから	25.2	価格が手頃・自国より安いから	10.9	価格が手頃・自国より安いから	27.1
デザインが良い・かわいい・きれい	3.6	価格が手頃・自国より安いから	20.6	日本製だから	11.8	お土産にいいから・頼まれたから	8.4	品質が良いから	17.0
自国で入手が難しいから	2.6	自国で入手が難しいから	3.9	お土産にいいから・頼まれたから	8.9	日本製だから	6.9	好きなブランド・商品だから	5.2
伝統的・日本独特なものだから	2.3	デザインが良い・かわいい・きれい	2.9	好きなブランド・商品だから	6.6	自国で入手が難しいから	2.7	日本製だから	4.7

注）観光庁「訪日外国人消費動向調査」による。

出典：観光庁

一般的なアピールだけでは不十分である。たとえば、ドン・キホーテの店頭では、日本製の商品を、あえて同じ分野の廉価な海外製商品と並べて陳列することで、日本製の良さを差別化して訴えている。似通った商品なのになぜ料金が違うのかをとっさの英会話、中国語会話で説明するのは難しい。そのため、素材、成分、ブランドの違いを示す店頭ＰＯＰ、想定される会話集などを事前に用意しておくのも妙案だ。そうして工夫して売り込んだ「メイド・イン・ジャパン」商品の一例として、サッカー日本女子代表への国民栄誉賞の記念品として贈呈されたこともある広島県の熊野筆、岐阜県美濃の包

ドン・キホーテの店内イメージ

丁、関孫六といった伝統工芸の高級品が想定していた以上にヒットしている。

■地元・匠の力を活かす

ほかにも、「メイド・イン・ジャパン」をアピールするいくつかの切り口を紹介しよう。それは、次の3つである。

①メイド・イン・ＪＩＭＯＴＯ（地元）
②メイド・バイ・匠&職人
③オンリー・イン・ジャパン

①の「メイド・イン・ＪＩＭＯＴＯ（地元）」すなわちご当地商品については、

全品免税制度の導入で、地酒、醤油、銘菓といった地域の特産品が免税対象となり、日本のお土産として売るチャンスが広かった。つまり、日本製というすでに外国人観光客に認められている価値に、地元の知恵や伝統が生かされた商品、ここでしか作られていない、買うことができないという地元ならではの付加価値を加えることで、プレミアムなものとして戦略にアピールしていくべきである。前述の酒蔵ツーリズムは、その代表例だろう。どこで採れたかわからないありきたりの食材ではなく、ご当地の「本物」を観光体験、お土産にしてもらう。そのためには、その土地の由緒正しい商品の要素が欠かせない。

②「メイド・バイ・匠&職人」は、言葉のとおり日本の匠の技、手作りの良さを付加価値として売っていくという意味である。ドン・キホーテの店頭で熊野筆、包丁・関孫六といった高額の伝統工芸品的商品群が売れているように、日本の匠の技に対する信頼感は、訪日客のほうが高いかもしれない。お隣の中国が「商人の国」とよく言われる一方、日本は「職人の国」というイメージが世界にはある。中国や欧米の友人たちも、「日本人は手先が器用で職人肌だ。どうしてもっとアピールしないのか」と口をそろえる。実際、鹿児島の天文館の百貨店を視察したとき、1本30～40万円もするゴルフクラブが中国人観光客の間で飛ぶように売れるのを目の当たりにして驚愕した。普通のゴルフクラブとどこが違うのか

というと、専門の職人が屋久杉を使って仕上げている。地元の産品を活かした商品に手作りという価値をプラスして売り込むことは効果的だ。ただし、今ある伝統工芸品をそのまま外国人が爆買いするかというと、そうではない。世の中はそんなに甘くない。若き優秀なデザイナーや欧米の目利きのエッセンスを導入して、海外目線の好み・現代のライフスタイルに適合したイノベーションがなければ、おそらく見向きもされないだろう。

また、単に商品としてだけでなく、伝統とモノづくりを産業観光としてセットで売るのもポイントだ。和紙の手すき、寿司握り体験、茶道など、日本には体験観光ができる伝統のモノ、コトがたくさんある。日本の産業観光には、新しいアミューズメントとして成長する余地がある。産業観光は観光地だけでなく、神奈川県の川崎、三重県の四日市などの工業地帯にも可能性がある（夜景観賞のいわゆる「工場萌え」だ）。工業を観光振興の視点で見直すことは、新たな事業投資、株式投資、不動産投資の開発にもつながる。

③の「オンリー・イン・ジャパン」は、日本でしか体験できないという視点でのアピールだ。座禅、茶道、着物などの伝統文化体験のほか、第1章、第3章で紹介した群馬県みなかみ町のキャニオニング、スノー・キャニオニングはその好例だ。「今だけ、ここだけ、あなただけ」という売り込みが、日本のプレミアムな体験として付加価値になっていく。

地域が変わっていくためには、その人口の1%が真剣に考え、発想転換のために知恵を絞れば改革は可能だ。最初は1%の力が、たとえば官民の協議会という形で動き出し、より大きな枠組みでの連携につながっていく。私の仕事はインバウンド振興であり、訪日客を日本の各地に呼び込むのが仕事だ。そのためにこれまで、全国さまざまな地域を飛び回ってきて、1%の力が地域を変えるきっかけになると実感している。

■相手のウォンツとニーズに合わせる

〝What〟(何)を売るかではなく、〝How to〟(どうやって)売るかという視点に立ち、商品や陳列方法、ディスプレイを再点検することも重要だ。

読者の皆さんにとって、高級感を感じるのはどんな色だろうか。個人的には「抹茶色」に高級感を感じているが、一般的には黒、金、銀と言われている。実は、色に対するイメージは、国・地域によって大きく異なる。たとえば中国の友人たちの答えはいつも決まっている。

「何を当たり前のことを。赤ですよ!」

「ドン・キホーテの公式キャラクター、ドンペン君」

「赤が高級なのですか？」
「赤が最も高級で、次に金色、黄色です」
　このやり取りをしたのはもう5年以上も前の話だが、当時の私はとてもびっくりした。偶然にもドン・キホーテのロゴマークや店頭、イメージキャラクターの「ドンペン」には黄色や赤が多用されているが、日本でこれらの色はともすればディスカウント、セールを代表する色として見られがちだからである。その後も、訪日客の色のイメージに関するリサーチを続けている。東京・秋葉原の家電量販店各社で今、よく売れている日本製の炊飯器。日本の一般家庭にある炊飯器の多くは黒色や白色、クリーム色だろうが、中国人観光客に最も売れているのは、赤に近いザクロ色なのである。
　日本がより多くの外国人観光客を迎え入れるために、全国の地域が尽力しているのが英語をはじめ、中国語、韓国語、タイ語などの多言語対応である。ただ、国・地域によって違うのは単に言葉だけではない。色についても、好みや分かりやすさの基準はまったく違う。

それはデザインについても同様だ。シンガポールやマレーシアで日本旅行専門のフリーペーパー「ＧｏＪａｐａｎ」を発行し、２０１１年の東日本大震災の際にもいち早く日本を訪れ、復興や現状を発信し続けたシンガポールのジョージ・リム氏の言葉が印象的だ。リム氏が作っている「ＧｏＪａｐａｎ」は、赤、青、黄、緑など鮮明な色を数多く使い、観光地を楽しむ人が実際に映り込んでいる鮮やか、かつ華やかなデザインが特徴だ。比べて、日本の多くの人々が制作している訪日客向けのガイドブックはどうだろうか。日本人は風景の中に観光客がいる風景さえも、観光地の魅力を損なうと思っている傾向がないだろうか。リム氏は「日本のデザインはジェントルすぎる」と非常にうまい言葉でやんわり指摘していたが、これからはガイドブックだけでなく、さまざまな商品パッケージに外国人を意識した視点が求められる（リム氏の言葉を率直に言い換えれば、個人的には「日本のデザイン・色遣いは素っ気なく、訴求力が弱い」ということだろうと思った）。

第3節　ドン・キホーテの新たな挑戦

■JISの枠組みにとどまらない

これまでの著書でも強く訴えてきたことではあるが、インバウンド産業の飛躍を図るためには、「インバウンド＝最強の新規事業」としての自覚が何より大事だ。インバウンドを既存事業の延長ととらえ、たいした投資もせずに携わってはいけない。実際、インバウンドは国内観光市場とは全く異質のマーケットで完全な新分野だ。これまでの経験則が通じない一方で、国内観光ではライバルである他社、隣接観光地が仲間となって今一緒に歩めているのは大きな収穫だ。一方、インバウンドを新規事業だと考えない人は、インバウンドの売り上げで既存事業である国内マーケットを穴埋めしようとする。これは滅亡への道だ。インバウンドはインバウンドで勝ち、そして国内は国内で負けないという考え方が重要になってくる。

インバウンド3.0へと向かい、インバウンドでサステナブルな社会を実現するには、行政の全部署、民間の全産業が関わっていく前提のもとで、それぞれがインバウンド専門部署を創設することが必要だ。最優秀な社内、組織内の人材を兼務ではなく、インバウンド専任者として登用する。私がインバウンドの世界に飛び込んだ２００８年からの2年間は、実は兼務でしかなく、市場の手ごたえに対してタイムリーな施策が打てないジレンマが多かった。それでも２０１０年からは今のスタッフとともにほぼ注力できる体制となり、今のドン・キホーテの訪日プロモーションの主力であるマップ付き多言語リーフレット「ようこそ！マップ」を新規投入するなど、点から面の施策に打って出ることができた。そうしたネットワークがあったからこそ、未曽有の事態となった２０１１年の東日本大震災の時も、着地型アライアンスなど周囲の方々と協力して乗り越えることができた。

２０１３年から活動しているのが、ドン・キホーテから分社独立した「ジャパンインバウンドソリューションズ（ＪＩＳ）」だ。独立採算性となり責任も増したが、すでにＪＩＳの事業の半分以上がドン・キホーテグループ以外からの業務受注であり、ＪＩＳの枠にとどまらず、国や自治体とともにチームジャパンとして日本のインバウンドのさまざまな課題解決に取り組むための活動ができている。

JISのスタッフたちと共に（VJTM2015会場にて）

■大型店のすぐそばに新店舗

　本章では、ドン・キホーテの最新の動きについても紹介しよう。ドン・キホーテは１９８９年に第1号店を出店して以来、26年連続で増収増益を果たした（２０１５年6月期現在）。店舗数はグループ全体で３００店（うち海外店舗が14店）超に達し、国内の全店で免税免許を取得、もちろんフリーＷｉ-Ｆｉも全店に導入している。中国人観光客の決済手段の主流である銀聯カードも、全店舗のすべてのＰＯＳレジで対応している。２０１４年11月、愛知県名古屋市最大の繁華街に地上12階建ての大型店舗「名古屋栄店」をオープンしたのに続き、２０１５年６月22日には、大阪に「道頓堀御堂筋店」をオープンした。

御堂筋店は、グループ全体で訪日外国人に対する免税売上高が最大の「道頓堀店」のすぐそばで、100メートルほどしか離れていない。大阪ミナミには、関西空港経由で来日した中国人観光客がまず訪れる。周辺には大阪ならではの粉モン（たこ焼き・お好み焼き等）の飲食店が軒を連ね、こうしたB級グルメとともに、良質の化粧品や日本製のお土産を買いたいという外国人客で連日大賑わいの様相となっている。御堂筋店は道頓堀店と同様に、7通貨対応の外貨精算サービスやウエルカムクルーの常駐など、インバウンド対応を特に意識した店舗だ。

プレミアム戦略の一環として、新しい店舗展開にも乗り出している。2015年5月29日にオープンした「プラチナ・ドン・キホーテ白金台店」である。白金台は都内有数の高級住宅地として人気が高く、ドン・キホーテならではのお買い得感とともに品質の拡充を目指したアイテムを取り揃えた。なかでも、三重県にある松坂牛専門店の「朝日屋」がテナントショップとして初入店するなど、これまで地元店舗かネットでしか購入できなかった高級肉の販売は、インバウンドのプレミアム戦略にも役立っている。

道頓堀御堂筋店

名古屋栄店

■年間720万人以上が訪れる理由

２０１４年に日本を訪れた外国人観光客は１３４１万人。このうち、ドン・キホーテには延べ人数で約７２０万人が訪れた。今や訪日客の２人に１人がドン・キホーテを利用している（それでも、ドン・キホーテの年間お買い上げ客数全体は2億８３０４万人。訪日外客はそのわずか2・54％に過ぎない）。そして、２０１５年の延べ来客数は９５０万人を超えると見込んでいる。もっとも、ただ時代の流れに乗ったのではなく、綿密なマーケティングに基づく施策を絶えず導入している。

事前に購入したい商品を予約できる「ウェルカム予約サイト」の整備もその一つだ。訪日客は、おおむね10〜20万円の渡航、宿泊費用をかけて訪日旅行にやってくる。せっかく日本に来てショッピングを楽しみたいのに、ドン・キホーテで買いたかった商品が品切れだった、というのでは二度とお越しいただけない。このような事態を防ぐために、訪日前に日本で買いたい商品をネット予約しておく「お取り置きサイト」が「ウェルカム予約サイト」である。このサイトはネットショップではなく、現場で買ってもらうのが目的。人口減少や地方の衰退、増税などが課題となっているこの時代、インバウンドを日本の全国に呼び込むことこそが、ドン・キホーテにとっても持続可能な発展につながると考えている。

ドン・キホーテは「ビジネスの主権は現場にある」という「主権在現」の会社である。

これまでのさまざまな機動的な施策の数々は、トップダウンに偏らない現場の判断があったからこそ実現できたものであるが、店舗数が３００店に達するなかで、ドン・キホーテの店舗運営にもチェーンストア・オペレーションの要素が入り込んできているのは確かである。そうした中で各店舗が地域社会とともにインバウンド戦略を進めていくことは、ドン・キホーテの明確な理念とビジョン追求に寄与するだろう。

ハラル対応最前線

訪日外国人の急増に伴い、存在感が高まっているのがイスラム教徒（ムスリム）です。世界中に暮らすムスリムの人口は16億人とも18億人とも言われ、世界の全人口の4分の1に当たります。このうち東南アジアが6億人を占め、地域最大の人口を持つインドネシアや安定的な経済成長を続けるマレーシアの多くの国民がムスリムです。ムスリムが多い国は人口増加が激しいのも特徴で、同時に今後の訪日客の増加も期待されています。日本の自治体、民間の宿泊施設や飲食店、小売店の間にも、ムスリム市場を取り込むために、対応を本格化させるところが増えてきました。

〈点から面へ受け入れ拡大〉

ムスリムの受け入れ態勢を進める上で必要なのが、日本ではあまりなじみのない生活習慣への対応です。ムスリムは豚肉や豚肉に由来する成分、アルコール類を口にすることが禁じられ、牛や鶏も戒律に沿って調理したものでなければ食べることができないとされています。そのイスラムの戒律で「許されている」健全な商品、サービスのことを指す言葉が「ハラル」です。ハラルの概念は、食に関することはもちろん、食事の方法、化粧品、衣料品、介護用品、結婚、金融などあらゆる活動に及びます。逆にムスリムの戒律で「禁止されている」ものを指す言葉が「ハラム」です。その基準は国や宗派によって異なります。ただ、旅行中、災害などの緊急事態などには柔軟な基準を設けている宗派もあります。

ムスリム旅行者を受け入れる施設も対応を強化しています。たとえば、宿泊施設や飲食店では、ハラール・フードの開発に力を入れています。また、ムスリムは1日に5回の礼拝をおこないます。施設内に礼拝堂を設置する施設も増えてきました。ドン・キホーテ「国際通り店」にも、テナントとして出店している地元の有力旅行会社である沖縄ツーリストが礼拝ブースを設けています。観光庁も新たにムスリム旅行者を受け入れようとする飲食店、宿泊施設など向けに、ムスリム旅行者の食材や礼拝に対する習慣や基礎知識、対応文例集などをまとめた「ムスリムおもてなしガイドブック」を作成し、同庁のウェブサイトで公開しました。2014年から「ムスリムおもてなしプロジェクトに係る意見交換会」を複数回実施したほか、訪日経験があるムスリム、現地旅行会社、国内のムスリム留学生へのヒアリングを実施した上でまとめたものです。岐阜県の飛騨高山や北海道など、地域ぐるみの「面」で取り組む地域も増えてきました。

イスラム市場は成長する巨大市場です。ムスリムへの対応は2020年の東京オリンピック・パラリンピックまでに、などと悠長に考える暇はありません。とはいえ、日本ではこれまでほとんどなじみがなかった習慣や禁止の要素が多いために、二の足を踏んでいる方々も少なくないのではないでしょうか。

〈ハラルかどうか判断するのはムスリム〉

日本全体がもっとおもてなしの心を持ってムスリムの旅行者を積極的に受け入れていくにはどうすればいいだろうか。そう考えていた私に示唆を与えてくれたのが、ハラールメディアジャパン代表取締役の守護彰浩さんです。

守護さんは、日本各地のハラル情報を10万人以上の国内外のムスリムに向けて英語で発信するウェブメディア「HALAL MEDIA JAPAN」、レストラン検索サイト「HALAL GOURMET JAPAN」などを運営しています。学生時代や世界一周の旅を通じてムスリムとの縁が多かった守護さん。「ハラルかどうかは受け入れ側が決めるのではなく、ムスリムが判断すること。そのために、できるかぎりの情報をムスリム旅行者に提供する体制を整えることこそが、日本のインバウンド拡大のカギを握る」と考え、2014年1月に起業したそうです。その考え方を聞いて私はこれこそが、インバウンド3.0時代に必要なコンセプトだと感じました。

ハラールメディアジャパンはムスリム受け入れを強化する民間業者、自治体のサポートもしています。守護さんは、ムスリムの受け入れ強化を考える自治体や民間業者には、「まず、日本でムスリムに出会えるモスクや国立大学、対応レストランに行ってコミュニケーションを取ることから始めてほしい」とアドバイスしているそうです。日本にも留学生をはじめとしたたくさんのムスリムが住んでいます。現場で生の声、生のニーズを聞き、尊重し、そして理解を感じられたものが、対応の答えになる。ムスリムだけでなく、インバウンド全体のカギを握る考え方です。

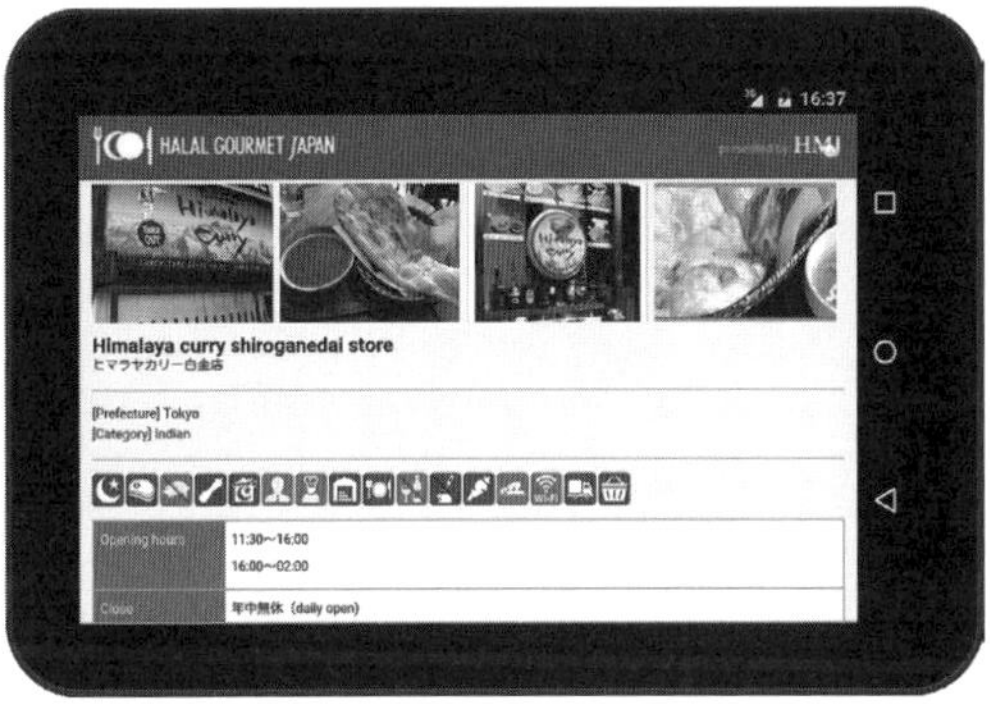

HALAL GOURMET JAPAN
400件を超える日本最大級のムスリム向けレストラン情報。料理カテゴリーや都道府県に加え、「ハラー認証取得」「豚肉を使った料理一切提供していない」などのピクトグラムを組み合わせて検索できるのがポイント

第5章

インバウンド観光と公共哲学

第1節　私とあなたではなく「私たち」

■「花仕事」と「米仕事」

ここまで、日本がサステナブルな「観光立国」を成し遂げるために、何が足りないのか、どうすべきかを私の経験をもとに述べてきた。最後となる第5章では、インバウンド振興すべての基盤となる「公共哲学（public philosophy）について検討したい。

インバウンド観光の発展において、常に「私たち」の関係として物事を考える「公共哲学」の視点が必要である。この公共哲学の一番基本的な概念に「公共世界」＝「パブリックスpublics」というものがある。公共を普通に英訳すればpublicだが、英語の名刺の末尾に-sを付けると複数形になる。この複数形のsが重要だ。公共哲学において、「公（おおやけ）」という概念は一つではないということである。つまり、公共哲学の視点は、「私とあなた」ではなく、「私たち」の関係である。組織・団体生活を送っていく上で規律、モラルは必要であるが、人間人格的な関係に上下、優劣は存在しない。しかも、成功している組織は常にフラットで風通しがいい。サステナブルな社会を実現するインバウンド観光振興は、個人の力によって支えられた民間企業と、政府・自治体が全産業レベルで連携しなくては成立しない。全国各地の自治体と民間企業との協働の中でも、官民連携の礎は、関係者の公共哲学的モラルの中にある。

読者の皆さんは「花仕事」と「米仕事」という言葉をご存じだろうか。詳細は本書収録のトラベルジャーナルのコラム「花仕事と米仕事」(2014.10.6) をご覧いただきたい。第４章で紹介したＪＲ九州のクルーズトレイン「ななつ星」など、数多くの観光列車をデザインした水戸岡鋭治さんが著書の中で紹介していた言葉で、「米仕事」が企業人としての仕事、経済につながる仕事であるのに対し、「花仕事」は公共的・社会的視点で行う金銭的対価を超えた仕事、環境や文化を大切にする仕事であると説明している。同氏は岡山の農村で生まれ育ったことで、この分類を着想したという。

私も佐賀県杵島（きしま）郡白石（しろいし）町という田舎の出身で、ふるさとは米とたまねぎと有明海の海苔の産地だ。農業と海苔の養殖で東京の大学に行かせてくれた両親や祖父母は、米仕事としての生業の傍ら、花仕事として、農業用水路の草刈りやお祭りの準備など地域全体の仕事にも精を出していた。佐賀には、こうした花仕事を指す江戸時代からの「公役（くやく）」という言葉がいまなお残されている。２０１７年は明治維新からちょうど１５０年目にあたる。ただ、この１５０年間で日本は人口、ＧＤＰが増え続け、税金を払っているんだから、公共のことは国、自治体に全部任せればいいという風潮に変わってしまった。インバウンド市場も今まさに急成長の段階にあり、人々が今日の売り上げに没頭してしまいがちかもしれない。ただ、未来への備え、地域全体・国全体の利益のための奉仕、すなわち花仕事がなければ、やがて未来の米仕事の基盤そのものが奪われる。米仕事と花仕事のバランスこそが、インバウンド3.0、サステナブル・インバウンドの根幹を成していく。

クルーズトレインと同じく第４章で触れた「新宿ショッピング・キャンペーン」の取り組みは、私の仕事の中での「花仕事」に当たる。２０１４年の春節をきっかけに、新宿の13の商業施設の皆さんと作った「新宿インバウンド実行委員会」という訪日客誘致チームは、現在では、各社の繁忙期であっても、次の仕掛けに向けた毎回の会合に全メンバーがそろうことが多い。この新宿の取り組みを皮切りに、インバウンド実行委員会は札幌、横浜、名古屋へと広がった。

会を重ねる中で、メンバーたちの意識に変化もみられた。最初は、多言語のフリーペーパーということで「お金を払っているのだからもっとうちのスペースを」というような雰囲気があった。しかし、そうではなく、これは地域への奉仕であると考えるようになった。たとえば、新宿のガイドブックには自店舗の宣伝だけでなく、地域で人気のレストラン特集なども掲載し、訪日客から好評を得ている。地域のブランディングができて、訪日客の絶対数が増えてくれれば、そこから各社の器にも必ずあふれ出す。すぐにリターンはなくとも、積み立て貯金のようなものであるということを委員会のメンバーが体得している。

こうした地域の取り組みはさらに進化し、私が会長を務める「全国インバウンド実行委員会連絡協議会＝アーバン・ネットワークス・ジャパン（ＵＮＪ）」として、各地域の委員会同士が横断的に情報を交換し合ったり、協力しあったりする試みも始まっている。また、２０１５年7月に発足した「名古屋インバウンド実行委員会」は、丸栄、松坂屋、三越百貨店、名鉄百貨店、高島屋、ドン・キホーテ、マツモトキヨシ、ビックカメラ、コメ兵という9つの商業施設に、中部国際空港（セントレア）が加わった10社の連合軍だ。セントレアという商業施設ではなく、中部圏のアクセスのハブとなる団体に参加してもらったことは画期的で、これまでのようなエリアでのショッピング需要の促進に加え、中部運輸局を中心に中部や北陸を中心とした9県が広域連携して進める「昇龍道プロジェクト」

と連動した観光開発も可能になるという手ごたえを感じている。こうした「花仕事」としての活動を、アーバン・ツーリズム、日本全国の地方創生に寄与するネットワークに成長させることができれば本望である。

新宿インバウンド実行委員会で発行している「Shinjuku Explore Vol.3（5言語）」

名古屋インバウンド実行委員会

■ツーウェイ・ツーリズムの重要性

公共哲学の概念に基づく「私たち」の関係を日本国内で完結させず、近隣諸国との関係に広げることも大切だ。インバウンド観光は、一方的に日本に旅客を誘致するだけでは持続しない。たとえば、日本からもアウトバウンド観光の旅客がいないかぎり、国際航空路線は赤字になり、撤退を余儀なくされることもある。今、多くの地方路線はインバウンドが増える一方で、アウトバウンドの鈍化に悩んでいる。日本からの渡航者を10％増やすだけでもその分は純増になる。双方の国が、ライバルではなく、パートナーとなることがインバウンドの持続的な発展には不可欠だ。まだ微力ではあるが、ドン・キホーテでも双方向、ツーウェイ・ツーリズムの創出に以前から力を入れている。

３年前の２０１２年に取り組んだのが、韓国のＬＣＣ、エアプサン社との業務提携だ。具体的にいうと、まずは韓国人訪日客がエアプサンを利用する日本行き便に搭乗手続きする際に、グランドスタッフを通じて搭乗券と一緒にドン・キホーテや周辺の飲食店で特典や割引が受けられる「ようこそ！カード」、目的地ごとの「ようこそ！ＭＡＰ」を手渡してもらった。ようこそ！カードにはエアプサンのロゴを記載して担当するスタッフの意識向上を工夫するとともに、もちろんドン・キホーテで買い物してもらった場合はＰＯＳレジ集計を通じてエアプサンからの紹介だということが分かるようにしている。またその一方で、日本市場向けにエアプサンが実施するオンライン上のキャンペーンの賞品にドン・キホーテの商品券を提供するなど役立ててもらっている。ドン・キホーテは年間延べ約３億人の来店者数を抱えており、今後はこの顧客に対するエアプサンを利用した韓国旅行のプロモーションも可能だと考えている。航空会社との提携は、発地、交通手段、着地という３段階でアプローチでき、コンタクトポイントが明確な点でも有効だ。こうしたエアプサン社との協業だけにとどまらず、今後は全世界のエアラインとこうしたツーウェイの相互プロモーションを展開していきたいと願っている。

こうした取り組みは一方通行だけではなかなか続かない。おらが町へとだけ叫ぶ、自己中心的な町に誰が来てくれるだろうか。イン・アウト双方で交流人口を増やすことこそが、サステナブルなインバウンド戦略への道を切り拓くだろう。

■観光立国と地方創生

インバウンド振興は本来の日本、私たちの故郷を取り戻すことにも寄与する。私はふるさとの佐賀を出て独身時代に関東各地に居住した後、今は「ふなっしー」で有名な千葉県の船橋市に小さな家を建てて家族と住んでいる。船橋は、なしと三番瀬の海苔の産地だ。ただ正直に言うと、実は特に船橋が気に入って移り住んだのではない。

たまたま、予算と職場へのアクセスの利便性で選んだにすぎない。しかし、住み始めて15年。いつの間にかこの町がわが第二の「ふるさと」になった。インバウンド関連の仕事上、海外出張が多く、また国内外の講演会に招かれることも多いため、実は我が家に滞在できる時間はごくわずかである。しかし、たまの休日には、近隣をあちこち探訪し、趣味のオープンカーで船橋をはじめ房総半島をくまなくドライブする。梨のシーズンには、地元の梨農園に直接各品種の梨を買いに行くのも楽しみの一つだ。ふるさと自慢になるが、これが実にうまい（最近は、新品種の「かおり」がお勧め！）。

「住めば都」というが、まさに船橋は今や、故郷の佐賀と同じくらいの年月を過ごしており、まるでふるさとのような愛情が湧いている。広辞苑をひも解いてみると、ふるさと＝「自分が生まれた土地」という意味のほかに、「なじみ深い土地」という意味がみつかった。まさにふるさと＝「古い・里」なのだ。日本は、戦後のベビーブーム、高度経済成長、大都市集中の結果、数千万もの人々が、かつての私のように、故郷を離れて都会に出た。しかし、大半の人々にとって、大都会およびその近郊は「ベッドタウン＝寝る場所」でしかない。過日、千葉の市町村の首長の皆さんと触れ合う会合の場で聞いたことだが、「リタイアした住民を公民館での行事に誘っても、なかなか参加率が上がらない」と嘆いていた。地縁も血縁もほとんどない地元にはなかなか愛着もわきにくいのだろう。

これは東京、大阪、名古屋などの大都会やその周辺だけの話ではない。講演で地方の県庁所在地などを訪ねると、その県都に郡部から移住している人も多い。彼らのうち、今住む町の歴史や文化を詳しく知っている人は驚くほど少ない。今やほとんどの日本人にとって、生地でそのまま成人し、その地で生涯を終えることは例外的になりつつある。

第2章で人口急減社会突入を警告するものとして、日本創成会議の増田寛也座長が指摘した「消滅自治体リスト」を引き合いに出させていただいたが、消滅するのは地方自治体という行政単位であって、その地方の住民が無になるのではない。人口減少により、周辺の自治体に吸収合併されるというのが正しいのだ。今本当の危機にさらされているのは、自治体単位の消滅なのではなく、まさに「ふるさとの消滅」だと思う。

人間は、他者のまなざしの自覚を通して、初めて自己を自覚する。訪日客との触れ合い、交流を通して、己れの「ふるさと」の独自性を深く自覚しうるのだと思う。まさにインバウンドこそが、ふるさと復興、「地方創生」推進の原動力になるのではないかと思う。インバウンドを単なる経済効果だけで考えてはならない。ふるさとを喪失しつつある日本人は、数多くの海外の人々との交流を通してこそ、「今住む町も我がふるさと」という事実を再認識しうる。何度も繰り返しになるが、インバウンドは、個々の事業者、個々の町だけでは成功できない。「ふるさとの再興」、すなわち地域連携・広域連携こそが、インバウンド成功の絶対条件である。

第2節　日本の観光競争力

■初めての世界トップ10入り

日本だけが「観光立国」の旗印を掲げているわけではない。日本は外国人旅行者受入数ランキングで世界27位、国際観光収入ランキングで21位（ともに2013年）であり、世界の観光大国に遅れをとっている。ただ、私たちの取り組みは日々前進している。観光立国の評価は簡単にできるものではないと思うが、その一つの指標にダボス会議の主催で知られる世界経済フォーラム（WWF）の旅行・観光競争力調査がある。

これは国際的な経済研究機関であるWWFが2007年から始めた調査で、2011年以降は隔年で公表されている。日本はこの調査の2015年版で9位と初めて世界のトップ10に入った。しかも、アジア諸国の中で初めて1位となったのである。ちなみに、1位は第2章で日本がベンチマークにすべき国と記したスペイン、2位以下はフランス、ドイツ、米国、英国が続いている。日本は調査が始まった2007年の時に25位だったことを思えば、大躍進と言える。
4領域14項目93指標に及ぶ調査をつぶさに見ると、日本が世界のトップ10にランキングしている指標は以下である。ポテンシャルがまさに上がっていることを謙虚にうけとめる一方で、インバウンド3.0を目指すためにはこれらをさらに磨きながらいずれ世界総合1位を視野に入れていきたい。

〈トップ10に入った高評価指標〉

ビジネス環境

・市場支配力の程度2位（1位はスイス）

安心・安全

・テロの発生率の低さ1位（日本を含む50カ国が1位）
・殺人率の低さ2位（1位はシンガポール）

保健衛生

・衛生設備の充実1位（日本を含む36カ国が1位）
・飲料水の安全性1位（日本を含む41カ国が1位）

・病院のベッド数1位
・HIV有病率1位（日本を含む57カ国が1位）

人的資源と労働市場

・労働力の技術1位
・初等教育の就学率3位（1位はシンガポール）
・従業員育成への注力度2位（1位はスイス）
・顧客対応1位

ICT活用

・企業間取引のICT活用4位（1位はリトアニア）
・対消費者取引でのネット活用率3位（1位は英国）
・携帯ブロードバンドのアクティブユーザー率3位（1位はシンガポール）

旅行・観光の優先度

・タイムリーな旅行・観光統計提供7位（1位はインド、ウルグアイ）
・国のブランド戦略の的確さ2位（1位はドイツ）

国際的開放性

・二国間航空協定の開放性10位（1位はニュージーランド）

環境維持

・環境規制の厳密性6位（1位はデンマーク）
・環境規制の施行6位（1位はフィンランド）

航空輸送インフラ

・国内有効座席キロ4位（1位は米国）
・国際有効座席キロ6位（1位は米国）

地上・交通インフラ

・道路の質10位（1位はアラブ首長国連邦）
・鉄道インフラの質1位
・国内輸送ネットワークの質3位（1位はスイス）

文化資源と薇イネス旅行

・口承・無形文化遺産の数2位（1位は中国）
・スポーツスタジアムの数4位（1位は米国）
・国際協会の会合の数10位（1位は米国）

・娯楽や文化観光のデジタル需要9位（1位はシンガポール）

■発展持続性が大きな課題に

上位ランキングを見ると、日本は保健衛生やテロの発生率の低さ、顧客対応で高い評価を得ている。その一方で、労働市場の項目に注目すべきだ。「雇用の柔軟性」が130位（1位は香港）、「外国人労働者の雇いやすさ」112位（1位はアラブ首長国連邦）、「女性参画率」87位（1位はマラウィ）と、人口減少、労働人口が縮小する中で、今日本が抱えている問題が浮き彫りになっている点である。また、「旅行・観光産業の発展持続性」が41位（1位はアラブ首長国連盟）、「観光客誘致策の有効性」57位（1位はアラブ首長国連邦）、「ビザ要件」111位（1位はハイチ）といった政策面での評価は依然として低い。この評価を上げていくためには、やはり官民の連携とともに、国民全体に対し、観光産業についての正しい認識を促すことが不可欠である。

〈トップ100圏外の低評価指標〉

ビジネス環境

・総税率115位（1位はマケドニア）

・利益税率131位（1位はギニア）

・その他の税率105位（1位はノルウェーなど9カ国）

人的資源と労働市場

・雇用の柔軟性130位（1位は香港）

・外国人労働者の雇いやすさ112位（1位はアラブ首長国連邦）

国際的開放性

・ビザ要件11位（1位はハイチ）

価格競争力

・購買力平価112位（1位はパキスタン）

・燃料価格水準126位（1位はベネズエラ）

環境維持

・絶滅危惧種131位（1位はルクセンブルク）

インフラ

・人口100万人当たりの空港数（1位はセーシェル）

観光サービスインフラ

・業務渡航の観光目的の滞在延長可能性129位（1位はニュージーランド）

2015年度版のランキングでは日本以外のアジアの国々も躍進した。25位で初めてトップ30に入ったマレーシアは、1990年代以降、「マレーシア観光年（VISIT MALAYSIA YEAR）」という観光年を4度実施し、外客誘致の成果を収めている国だ。マレーシアの観光年はショッピングセールや国際マラソン、観光イベントといった多様な観光資源を集中させてプラニングを世界の旅行市場に提案する海外でのマーケティングだけでなく、観光年を通じて国民に対しツーリズムへの積極的な参加を呼びかける目的で行われている。

マレーシアはマレー系、中国系、インド系の3大種族が混在する他民族だ。今でこそ多様な民族、歴史、文化によって育まれてきた高い英語力、穏健なイスラム社会は重要なファクターだが、以前は観光客がもたらす退廃的な文化、リゾート開発の弊害に伴う地域社会への悪影響を懸念する声が多かったのも事実だ。プラスとマイナスの要素を天秤にかけて戸惑う国民が多かった中、マレーシア政府は観光予算を増額して海外プロモーションを大々的に展開する一方で、国民に対しては観光産業のイメージコマーシャルをテレビ、新聞などのマスメディアを通じて宣伝。観光客受け入れが経済を活性化させ、最終的には一人ひとりの利益につながるという重要性を朝から晩まで徹底して訴えたという。この事例を聞き、日本も、こうした内向きの呼びかけをさらに強化する必要もあると実感した。

■ソーシャルビジネスの実践

インバウンド3.0を目指すためには、公共哲学とともに、インバウンドにおける「ソーシャルビジネスの実践」も大切だ。

経済産業省の定義によれば、ソーシャルビジネスとは、その事業推進によって、行政（非自立的・日持続的なもの）コストを削減するだけでなく、地域における新たな起業や雇用の創出などを通した自立的で持続的な地域活性化を実現することを目的としている。今、地域社会では貧困、環境保護、高齢者・障がい者の介護・福祉から子育て支援、まちづくり、観光に至るまで多種多様な社会課題が顕在化しつつある。このような地域社会の課題解決に向け、住民、ＮＰＯ、企業、行政など、さまざまな主体が協力し合いながらビジネスの手法を活用して取り組むのがソーシャルビジネスである。その社会性、事業性（雇用創出性）、革新性、持続可能性こそ、まさにこれからのインバウンドの未来を左右するキーワードである。

ソーシャルビジネスの有名な例として、バングラディシュのグラミン銀行がある。グラミン銀行は貧しい人々を対象に無担保で少額融資（マイクロクレジット）を行い、バングラディシュにいる５０００万人近くの借り手の半数以上が絶対的な貧困から脱出し、学齢期の子供が学校に通い、人々は食事と清潔な水を取れるようになった。ソーシャルビジネスにおいて重要なのは、一般的なビジネスとは異なり、利益の最大化を目的としない。社会的な課題解決が目的であり、つまり社会のためになりながら儲かる仕組みを構築するということである。サステナブルなインバウンドを進めるためには、ソーシャルビジネスの観点でも再点検し、イノベーションを起こすべきである。

第3節　「欠乏マインド」と「豊かさマインド」

■訪日客はプラスアルファ

イノベーションを成功させるためにも、公共哲学、ソーシャルビジネスとともに、私がドン・キホーテでこれまでインバウンドに取り組んできた考え方の根底にある、「豊かさマインド」の視点は重要だ。インバウンドは、日本の人口急減、労働人口の縮小による地方の消滅を防ぐ唯一の産業である。ただ、読者の皆さんの中には、「国内客が減っているから外国人客で補おう」という発想からインバウンドビジネスを見ている人もいらっしゃるのではないだろうか。減退する内需を、成長盛りの国際観光市場の誘致で補う。確かに、明確な動機である。

ただ、ドン・キホーテにおいては、訪日客はあくまでプラスアルファという位置づけで取り組んできた。ドン・キホーテ1号店が、東京都府中市に開業したのは１９８９年３月のこと。以来、当社は26期連続となる増収増益を重ねている。弊社のインバウンドと同様に、その歩みは決して順風満帆だったわけでない。代表取締役社長兼ＣＥＯの大原孝治は、「四半世紀の激動時代の中、小売業が本来あるべき、常に移ろうお客様ニーズの変化を愚直かつ独自に突き詰めて対応してきたからこそ、勝ち残ることができた」と述べている。ドン・キホーテグループ全体の年商は約６８４０億円（２０１５年6月期連結実績）であり、インバウンドの寄与率はいまだ数パーセントにも満たない。「爆買い」が騒がれているインバウンドについても、総売り上げを確実に増やす中での一つの要素に過ぎない。

そのために、当初から国内客と訪日客を区別せず、言語や免税などの分かりにくさを取り除く一方で、あくまで同じお客様としてプロモーションに取り組んできた。この戦略は、ベストセラー『7つの習慣』の著者として有名なスティーブン・R・コヴィー氏が提唱した「欠乏マインドと豊かさマインド」の考え方に基づく。

「欠乏マインド」とは、すべての資源（リソース）は有限であり、コップの水が足りないなら、ヨソからもらうか奪えばいいという考え方だ。一方、「豊かさマインド」は、資源は無限であり、足りないものをみんなで知恵を出し合い、協力し合えば必ず解決策があるという考え方である。国内客が獲得的できないので、それを補うべく外客を誘致するのでは、いずれ壁にぶつかる。地域みんなで連携し、知恵を絞り、訪日客をみんなで町に呼び込むことこそ、サステナブルな社会を切り拓く鍵である。その日を目指して、読者の皆さんと一緒に「観光立国革命」にチャレンジし続けていきたい。

Topic ⑤

ヒトとヒトをつなぐゲストハウス

〈宿泊客を連れて地元のお祭りへ〉

インバウンドの振興は、宿泊施設や飲食店、小売店における「点」の取り組みだけで実現できるものではありません。地域ぐるみの「面」となって連携していくことが集客のポイントになります。とはいえ、どうやって声を上げればいいのか、何から始めればいいのか、悩んでいる民間業者の方も少なくないのではないでしょうか。そんな読者の皆さんにぜひご紹介したいのが、宿場JAPAN代表取締役CEOの渡邊崇志さんです。

渡邊さんは品川にリーズナブルな素泊まりの宿「ゲストハウス品川宿」と、長屋をリノベーションした「Bamba Hotel」の2軒を運営・企画しています。2軒とも、宿泊客の大半は欧米人を中心とした外国人旅行者。2つのお宿にはそれぞれコンセプトがありますが、共通しているのは「地域融合型」を目指していること。たとえば、「ゲストハウス品川宿」はキッチンや大浴場をあえて設置せずにリーズナブルな料金で提供している代わりに、宿泊者には周辺にあるカフェやレストラン、一人でも入りやすい居酒屋、銭湯、和菓子屋、豆腐屋などの個人商店を積極的に紹介しています。「Bamba Hotel」は1棟貸しのスタイルですが、1日3回コンシェルジュが訪れ、宿泊客に日本滞在で困りごとがないか、観光や食事の要望を聞いて手配しています。

また、江戸時代に東海道の宿場町として栄えた品川にはたくさんの神社や史跡があります。地域に色濃く残るお祭り文化をイベント情報として発信し、宿泊者に体験してもらうのも宿場JAPANならではのアイデアです。「Facebook」や「Twitter」などでリアルに発信するだけでなく、お祭りなどのイベントにはホテルスタッフが途中まで同行し、外国人でも地元の輪に入りやすいよう手助けしています。

〈無賃修行を経て開業〉

学生時代には観光学を学んでいた渡邊さん。「地域融合型ゲストハウス」のコンセプトに至ったのは、学生時代の世界中でのバックパッカー旅行が大きなきっかけです。旅の中でいろんな仲間と出合う中、言葉のギャップ、そして文化のギャップが解消された時の感動はかけがえのないものだったそうで、「国境を越えて、個人と個人がつながりを持ってお互い理解し合える場所」を実現できないかと考えるようになりました。

もちろん、すぐに事業化できたわけではありません。メーカー勤務、海外留学、大学院での勉強を経て、母の実家で愛着があった品川に戻り、観光案内所や旅館での無賃修行、地元スーパーでのアルバイトに励むかたわら、行政や商店街に、品川宿の名残を活かした施設を開業したいとプレゼンテーションを繰り返しました。そんな渡邊さんに共感した地元の「品川宿周辺まちづくり協議会」の人々の後押しもあって、2009年10月、休業したビジネスホテルの施設をリニューアルした「ゲストハウス品川宿」のオープンにこぎ着けました。

渡邊崇志さんと筆者

〈地域融合型を全国へ〉

渡邊さんは元々、「地域のヒトと訪れるヒトをつなげる場所」を実現するには、すでに全国各地で運営されている外国人客が多いゲストハウスの従業員として働こうと考えていたそうです。でも、そういった施設の多くは家族経営で、インバウンドを担う人材を広く育成する場所ではありませんでした。そこで起業を決意し、自分で施設を運営する一方で、ゲストハウスの開業支援や人材育成にも力を入れています。実際、2011年5月から3ヶ月間、宿場JAPANで修行した女性がいます。自身の地元である長野県須坂市での開業を目指した山上万里奈さんは、修行後、宿場JAPANのサポートのもと、物件探し、古民家のリノベーション、開業準備を行い、2012年10月に地元、長野県須坂市「ゲストハウス蔵」を開業しました。現在、3年目に入り、善光寺、スノーモンキーの両方から近い宿として人気を集めています。

宿場JAPANの施設に宿泊する外国人は、ホテルの周辺に広がる町全体を楽しんで帰っていきます。渡邊さんらスタッフは町歩きのマップ制作はもちろん、周辺の飲食店を回って英語メニューのアシスト、実際に訪れた宿泊客の声をフィードバックして今後の相談に乗るなど日々町全体のおもてなしに向けて尽力しています。こうした地域リーダー、施設をハブに広がっていく地域づくりこそ、観光立国に不可欠の要素ではないでしょうか。

●ゲストハウス品川宿

ＪＲ品川駅から徒歩12分、全14室の小さなバックパッカー向け簡易旅館。和洋個室、ツイン、トリプル、ドミトリーなど様々なタイプの部屋はエアコン、布団、小さな机、照明のみの簡素な設備で1泊３３００円から。部屋にはテレビもないが、1階にある共用のリビングスペースが、さまざまな国・地域からの旅行者たちの集いの場になっている。

●Bamba Hotel

2～6人の家族やグループを対象とした一棟貸しの小さなホテル。火鉢など長屋に元々あった備品、アメリカ・ポートランドで買い付けたアンティーク家具などこだわりの内装、客室の正面から見える神社の風景が魅力。近所の出前を利用したルームサービス、コンシェルジュによる1日3回のおもてなしあり、ワンランク上の滞在ができる。

第6章

トラベルジャーナル「視座」

いいホテルの条件とは？

TRAVEL JOURNAL
2012.11.26

いい旅に不可欠なもの、それは、いい宿である。古今東西、旅人にとって、安全で快適な宿の確保は最重要事である。今回はホテルについて考えてみたい。

ホテルの宿泊客を英訳すると、ゲスト(guest)で、一方宿主はホスト（host）だ。ところが驚くべきことに、この2つは同源語だ。双方の源流となる印欧祖語は*ghostis（- 異人＝見知らぬ人）である。中世の西欧語では「主人」も「客」も同じだった。しかし、両方同じでは不便だったようで、やがて各々別の語を使うようになる。英語の場合、「客」は*ghostis- の語頭のg- が付いたままの語から派生したguestになり、他方、「主人」は祖語*ghostis-の語頭のg-が抜けた古フランス語hoste を採用し、後に語尾の-e がとれて、host になった。ホテルの主客は、元来異人同士ながら対等な互酬関係にあったのだ。

この旅人のためのホテル（hotel）と、病を癒やすための病院（hospital）も、実は同源語である。さらに驚くべきことに、両施設の源流もまた、前出の主客同様、*ghostis（- 異人）で、その語頭のg-が抜けた「異人・異人の保護者」を意味するhospesというラテン語が直接の語源なのだ。なお、hospesからは「異人歓待」を意味するhospitalisが生じ、やがてhospitalis の名詞形であるhospitaleは、中世の教会や修道院において「異人＝巡礼者、旅人のための救護施設と宿泊施設」を意味するようになる。そして、そのhospitaleの語尾の-e がとれて、現代の病院（hospital）へとつながっている。他方、13世紀ごろ、同じhospitaleからhostel（ホステル）という言葉が枝分かれし、さらに17世紀ごろ、hostel から s がとれ、現代のホテル(hotel)が誕生する。なお、英語のホスピタリティ(hospitality)、すなわち「おもてなし」という言葉は、上述の「異人歓待」hospitalisから直接由来している。ホテルと病院、そこに共通するもの、それは遠来の客(患者)を心からもてなす(癒やす)博愛の精神であった。

長々とホテルにまつわる言葉の歴史を掘り下げたが、語源を知ることは本質を知ることだ。ホテルという概念は、幕末明治期に欧米から輸入されるまで日本にはなかった。旅館はあってもホテルはなかった。名称だけ「○□ホテル」を名乗る宿は多数あるが、旅館は旅館であってホテルでない。ちなみに日本の旅館を英語に訳せば、イン(inn)だろう。inn は語源からいうと、前置詞のin（～の中）と同源だ。原義は「家の中・住居」であり、「宿屋」を意味している。それゆえ、インとホテルは全く違う。外形とか規模というより、文化と歴史が違うのだ。

最近は出張の機会が多くなったが、いい宿に泊まると疲れも癒やされ、不快な宿に泊まるとストレスが増す。それゆえ、頻繁に訪れる所では自然と常宿に泊まるようになった。そして、なぜ常宿にしたくなる宿が心地いいのかを、言葉の歴史を紐解きながら考えるようになった。

いい宿の条件は、まず清潔さだ。病院とホテルが同源語なのは偶然ではあるまい。不潔な環境では病人の病は悪化し、健康人でも病気になる。元来、異人歓待のためにあった両施設は、どこより清潔でなければならなかった。そしてそれ以上に大事なことはフラットな接客だ。最も不愉快なのが慇懃無礼でビジネスライクなロボットのような接客。作った笑顔、マニュアルどおりの気取った態度のスタッフしかいない宿は最悪だ。上述のとおり、本来ホストとゲストは同源語だ。対等な立場なのだ。主客の関係は本来、上でも下でもない。互酬性の原理、すなわち「自分がして欲しいことを他の人にしてあげる」という黄金律(ゴールデンルール）こそ、ホテルのホスピタリティの本質ではあるまいか。

「等張泉《とうちょうせん》」のようなおもてなしとは?

TRAVEL JOURNAL
2013.3.4

日本は温泉大国だ。列島の至るところで温泉が湧いている。私は温泉に目がない。それゆえ、たまの休暇にはどうしてもあちこちの温泉地に足が向いてしまう。温泉の分類法はさまざまだ。まず、温度別の分類がある。源泉温度が34度未満なら「低温泉」、それ以上なら「温泉」、42度以上だと「高温泉」となる。次に、ph《ペーハー》（水素イオン濃度）による分類がある。ph6未満は「酸性泉」、ph6～.5で「中性泉」、ph7.5以上だと「アルカリ泉」と分類される。強い酸性泉では肌がぴりぴりし、一方アルカリ泉では、触ると肌がつるつるする。この他、温泉成分（溶質）量による分類がある。温泉水1ℓ中の溶質が8g以下だと「低張泉」、8～0gで「等張泉」、10g以上あると「高張泉」と分類される。

温泉濃度は、人の体液との関係が重要だ。人の体液1ℓ中溶質は約8.8gだ。それゆえ、体液より濃度の低い低張泉に長時間浸かっていると、汗腺（毛穴）から、体内の水分がどんどん抜け、指等がぶよぶよにふやけてしまう（だから、長く入っていられない）。日本の温泉の大半は、この低張泉だ。一方、人の細胞よりも浸透圧が高い高張泉に入ると、体内にナトリウムや硫黄分などの温泉成分が逆にガンガン浸透してくる。それゆえ、高張泉は、刺激的で効能も強いが、めまい等の湯あたりの現象も出やすく、やはり長く入っていられない。

では、等張泉の場合ははどうなるか。等張泉では、人の体液と温泉水の濃度がほぼ等しいので、水分を奪われることもなく、また急激に温泉成分が体内に浸透してくることもない。等張泉は国内では珍しい。宮崎市の木花きばな温泉が等張泉として有名だ。この温泉こそ私の一番のお気に入りだ。それゆえ、宮崎に旅行する際には、必ず立ち寄ってしまう。木花温泉は庶民的な施設で、とりたてて高級感も古風な情緒もない。それでも、ここに来るとついつい何時間でも湯船の中で過ごしてしまう。手足がふやけず湯あたりもしないので、長居してしまうのだ。ちょっと大げさかもしれないが、極楽に温泉があったらきっとこんな感じだろうかと夢想するほどだ。

温泉の話が長くなったが、今回のメインテーマは、究極のおもてなしとは一体どんなものなのかを定義することだ。これを何とか一語で言い表したくて、長々と温泉の話をしてきた。ずばり、究極のおもてなしとは、この等張泉のようなものだと思う。一切の過不足がない。過剰がなく過少もない、そんなおもてなしこそ、サービス業の理想だと思う。主客双方の心の浸透圧が±0となるような接客と言い換えてもいい。しかし、言うは易く、行うは難しい。では、どうすれば最適な心の浸透圧になるのか。王道はない。一番の早道は、やはり常に相手の立場になって考えることだろう。等張泉のようなサービスを提供するには、顧客（観光分野でいえば旅人）の求める、体ならぬ、心の濃度にぴったり合致しようとする強い意思が必須だ。そして、以前に述べたとおり、互酬性の原理、すなわち「自分のしてほしいことを他の人にしてあげる」という黄金律ゴールデンルールこそ、等張泉のようなおもてなしの源泉だと思う。

提供者の士気が不足気味で、顧客の求めるものが提供できていないサービスは、顧客の満足を奪う低張泉であり、一方、こちらの売り上げのための強引なサービスは、まるで高張泉といえるだろう。低張泉、等張泉、高張泉。皆さんがいま提供しているサービスは、この3つの泉質のどれに当たるか、一度省察いただきたい。そして、まず最寄りの等張泉の温泉を探してぜひ一度入浴していただきたいと思う。百聞は一見にしかず、いや、百聞は一浴にしかずだからだ。

国際VFR市場という大きな可能性

TRAVEL JOURNAL
2013.4.8

孔子は言った。「朋《とも》あり、遠方より来たる、また楽しからずや。(遠くから仲間が来てくれる。これほど楽しいことはない!)」と。俳聖、松尾芭蕉の旅は、常に全国各地の俳句の門人や仲間を訪ねる旅だった。また、幕末の吉田松陰

のような若き志士たちは、自らの尊敬する人物に会うために藩境を越えて遍歴した。人間を制約することの多かった封建制の社会において、旅の目的は、単なる物見遊山ものみゆさん(Sightseeing)の旅よりも、むしろ師匠や仲間や親類縁者を訪ねる旅(Kin-seeing)の方が主流だった。親族愛、友情、そして師弟愛。人と人をつなぐ絆きずな、親密さこそが人々を旅に駆り立てたのだ。

当社の在外事務所の現地スタッフはプライベートでもよく訪日する。留学時代の友人を訪ねるためだという。東京本社の外国人スタッフも、本国の友人や親族の結婚式や葬式等にしばしば出かけていく。実際、日本には外国人が約208万人居住しており、そのうち留学生だけでも14万人(いずれも11年)を数える。一方、在外の日本人は約118万人いて、そのうち6万人は留学中だ。これら多数の人々が、国境を越えて互いに行き来することなく当地だけで暮らしているのだろうか。そんなことはありえない。

ときに、みなさんはVFR という言葉をご存じだろうか。VFRとは(Visit Friends and Relatives=友人親族訪問)という言葉の略語で、観光統計における旅行目的分類上の用語だが、日本ではほとんど知られていない。ところが、日本政府観光局(JNTO)の調査(10年)によると、外国人の訪日目的の第3位はVFR で、すでに全体の10.4%を占めている。1位の観光57.8%、2位の商用22.7%には及ばないものの、1割のシェアがある。「たったの1割か」と思われるかもしれない。

しかし、国際VFRの訪日頻度は断然高く、実数はずっと大きい。ちなみに国内旅行市場において、すでに国内VFR は3割以上を占めている。国際VFR と国内VFR のこのシェア差の中に、国際VFR の大きな伸《の》び代《しろ》が眠っている。

昨年閣議決定された「日本再生戦略」において、政府は現状1割に満たない日本のLCC(格安航空会社)のシェアを、20年までに2 〜割に増やす目標を掲げた。LCC 先進国といわれる欧州では、すでにLCC シェアは4割、米国でも3割に達している。アジアにおけるLCC 市場も急速に成長している。LCC は直営のネット予約だけで旅行会社を通さない。また、時間にシビアなビジネス客はLCC を避けがちだ。それゆえLCC 業界では、観光客や出張客よりVFR市場に注力する。国際LCC の路線が拡充していけば、国際VFR 市場もこれに比例して大きく伸びていく。

すでに、欧州の国際線利用客の旅の主目的は商用や観光ではなく国際VFR で、その比率は上昇し続けている。アジアにおいても同様の推移が見込めるだろう。なにしろ、金融危機によって出張客が減ったり、国際政治問題によって団体観光客が激減しても、すべてがFIT(個人)客である国際VFR市場は少しも左右されることなく、むしろ増えている。

今後、こうした国際LCC の隆盛と国際VFR市場の急成長は、訪日市場を一変させるだろう。それゆえ、もはや従来型の物見遊山的な訪日観光(Tourism)概念だけにとらわれていては、この変化に対応できない。観光立国を目指すわれわれには今、狭義の観光概念から広義のそれへと大きな発想の転換が迫られている。そして、訪日"観光"プロモーション戦略に加え、国際交流、スポーツ親善、留学振興、外国人居住者との多種多様な深い交流、そして、より深いマーケティング戦略が強く求められているのだ。

五輪までに取り組むべきこと

TRAVEL JOURNAL
2013.10.7

ついに20年の五輪東京誘致が決まった。素晴らしいプレゼンテーションだった。チーム力の勝利だった。感動した。すでにアジアをはじめ世界中から、スポットライトがわが日本に向けられ始めている。ただし今の国民の気分は、五輪開催が決まったというより、「決まってしまった」と言い換えたほうが実態に近いかもしれない。東京の、そしてわが国の開催準備は青ざめるほどできていない。7年ある。しかし7年しかない。カウントダウンは始まっている。

東京では選手村、メインスタジアムや各種競技会場をはじめ、交通インフラ整備も進む。前回、1964年五輪に向けて急造した高速道路等の老朽化したインフラの大規模補修も必須だ。ホテルも足りない。巨額の投資が行われ、経済波及効果は約3兆円超と見積もられる。しかし、浮かれてばかりはいられない。ますます東京一極集中が加速する。地方は大丈夫か。五輪効果のうま味を丸ごと東京に吸い取られてしまえば彼我の格差は一層拡大しかねない。地方は東京の進化に後れを取ってはならない。最近注目度の低い国体の徹底的な再活性化が不可欠だ。今後、14年の長崎を皮切りに和歌山、岩手、愛媛、福井、茨城、鹿児島で開催される国体は、開催県にとって自県民のスポーツ熱の高まりを国際観光立県の機運醸成に役立てる大チャンスだ。

観光コンテンツの総点検も必要だ。たとえば、タクシーのデザインは今のままで7年後を迎えるつもりなのか。現状の日本の主力タクシー車両の基本設計は20年前のものだ。欧米はもちろん韓国などアジアのタクシーは、すでにほれぼれするほどカッコいい。片や日本のタクシーのデザインの古臭さ、居住性の悪さ、乗り心地の酷さは目に余る。次期モデルの噂もあるようだが、デザインと機能性の劇的進化に期待したい。

今夏、関東のとある海辺の旅館の特別室を予約し、大枚をはたいて家内と出かけてきた。大海原を一望する和室の設え、豪華な夕食と温泉にはそれなりに満足したが、ドアのチェーンロックが無残に壊れていた。庶民がたまのぜいたくをしようとしても、細部がお粗末だとやはり損した気分になる。他が良くても全部が台無しになる。各地の昭和臭に満ちた温泉旅館は大丈夫だろうか。多言語標識整備と共に、時代の進化から取り残された各観光地の錆びついた宣伝看板類を何とかしたい。五輪までに全国の修景的視点での再点検が急務だ。都会も同じだ。六本木のような東京のど真ん中も電柱だらけだ。東京の電柱の地下埋設化は五輪に間に合うのか。

もちろん、7年後はゴールではない。始まりだ。20年時の日本はさらに人口が減り、生産年齢人口（現役人口）も減っている。地方はさらに過酷だ。浮かれている場合ではない。五輪を一過的なイベントに終わらせてはならない。オリンピックの開催期間はわずか2週間強、パラリンピックとあわせても1カ月間にすぎない。失われた日本の再生は大会開催期間ではなく、それまでの7年間をどう活かすかにかかる。この7年間は観光立国実現に向けたテイクオフのための、本気で全力疾走すべき滑走路だ。

首都圏の箱モノや交通網、美観等のハード面の整備は進むだろう。しかしそれ以上に準備すべきはソフト分野、すなわち人材育成だ。今の主力選手の大半は20年の五輪開催時までに引退し、主力は今の高校生、大学生等のユース選手諸君だろう。同じことが観光産業でもいえる。20年時の国際観光を担っているのは私たちではなく、次の世代の人たちだ。“お・も・て・な・し”マインドにあふれた、世界第一級の若き観光立国プレーヤーの育成が急務である。

主客を転換して考えてみる

TRAVEL JOURNAL
2014.3.10

先日、ある業界トップ企業のオーナー経営者とご一緒した。何気ない会話の中で業界トップを独走し続ける秘訣をうかがった。すかさず、「常にライバルと闘っていることかな」という返事が返ってきた。「えっ」と思った。業界内で互角に闘える二番手が不在なほどの優良企業だ。不思議に思い、「一番のライバルはどちらの会社ですか？」と尋ねた。すると彼は事もなげに答えてくれた。「それはあなた、決まってるじゃないですか。“時代の変化”そのものです！ 時代はどんどん変わっていく。顧客の嗜好は変わる。顧客そのものも変わる。置いてきぼりにならないよう常に気張ってますよ！」と。

はっとした。成功し続けている人・企業に共通する要素を、この人も極めて自然に身に付けていたのだ。サービス業に限らず、商売の本質は“顧客第一主義”に立つことだとあらためて思う。顧客とは、個々のお客様であると同時に、「市場」と置き換えてもいい。今の日本は生産年齢人口(現役人口) が減り続ける超高齢化社会であり、さらに人口減少社会だ。放っておいても高度成長していた人口増大社会とは、まるで違う。需要の絶対量が増える社会では売り手市場だ。だが今は違う。需要の絶対量が減る時代なのだ。当然、買い手市場に変わった。ほとんどの日本人は、まだこの本質的な転換に気づいていない。

インバウンドの真のライバルもまた、この時代の変化そのものだろう。もちろん、わが国の目先のライバルはアジアにひしめく他の観光大国になる。しかし本質は違う。わが国のインバウンド産業の本当のライバルは、経済成長によって所得が急増し激変し続ける各新興国の人々のニーズの変化、時代の変化そのものだ。しかし、訪日客のニーズの変化を注視し、耳を傾け、そこから発想している人・企業はまだ少ない。

例えを小売業のケースで考えてみよう。一つの商店がある。店主は手持ちの在庫を売りたいと思っている。利幅が少ないので安売りしたくないと考え、定価で売り出すが売れない。彼は首を傾げながら言う。「オレが気に入って仕入れたんだ。こんなにいい物なのに、なんでみんな買わないんだ」。主語が“私”だと発想が固定され自分の都合ばかりになる。逆に、主語をあなた、すなわち顧客側に置いてみる。すると、顧客はどんな商品を求めているのだろう、いくらなら買うのだろう、どんなサービスを求めているのだろう、そもそもどんな店で買い物したいのだろう…。問いと対応策は無限に湧いてくる。

次に訪日市場で考えてみよう。あなたは訪日観光会社の営業マンだとする。あなたの発想の主語は私だろうか、それとも相手すなわち顧客側だろうか。あなたは訪日の見込み客に、自社の旅行商品を売り込もうとする。先ほどの商店主同様、主語が私だと手持ちの商品を自分の都合で売ろうとする。しかし売れない。そもそも、相手は日本に興味がないかもしれない。いくらなら買うのか。どのような旅程・内容なら買うのか。交通が便利なら買うのか。高度なおもてなしがあれば買うのか。時期がよければ買うのか。ノービザなら買うのか。顧客のニーズは日々変化する。今日のニーズは明日はもうないかもしれない。

そして最後に観光立国という視点、すなわちインバウンドで日本を持続可能な社会にしていく視点で考えてみよう。こんなに素晴らしい国です、ぜひ日本に来てくださいという私側の発想では、今以上の成長は望めまい。これからは世界中の各国の人々の視点で発想し、日本を根本から見直す必要がある。わが国が取り組めることは無限にあると思えてくるのではないか。

外客「全品免税」制度の課題と可能性

TRAVEL JOURNAL
2014.5.5-12

3月までの駆け込み特需の狂騒後、4月の8%消費税増税実施とともに、一挙に負のインパクトが国内の全産業を直撃した。不要不急の買い物を控え、消費者が生活防衛モードに入りつつある。そうしたなか、今春ついに免税に関する大幅改正が確定した。10月1日からは外客免税の対象品目規制が撤廃され、全品が免税可能となる。この品目拡大の必要性については、私自身も本誌（11年10月10号）をはじめ、各メディアや講演会等を通して世論に訴えてきたが、今回、多方面のご尽力によって、ようやく実現する。感慨ひとしおだが、同時に民間側委員の一員として改正の議論に参加してきたなかで、一国の法律を変えていくことの大変さが骨身に沁みた。そして、立法府、観光庁はじめ各行政府、民間各位のご努力には頭が下がった。

ところで、皆さんは現行の免税制度（Tax Free）の中身をご存じだろうか。以下概要を述べる。①免税免許店（輸出物品販売場）でのみ免税が可能。②免税対象者は上陸後6カ月未満の非居住者に限られる。③非消耗品(時計やデジカメ・衣類雑貨等）を合計税抜1万1円以上買うと免税になる。④消耗可能品（食料品・飲料品、化粧品類、薬品など）は免税にならない。⑤パスポート（旅券）の提示が必要。⑥法定様式の誓約書への記入と旅券への貼付が必要。これらのすべてが満たされて初めて免税されるのだ。

では今回の改革で、上述のルールのうち、何が変わるのか。実は今回改正されるのは、④の消耗可能品についても合計5001円以上（上限50万円まで）買うと新たに免税になることと、⑥の法定様式が自由様式に変わり、記入すべき項目が若干簡素化されることだけだ。

言うまでもなく、今回、新たに消耗可能品まで免税対象になること自体は、すばらしく画期的なことだ。しかし同時に課題も残る。たとえば、最低免税金額の算定において、非消耗品と消耗可能品の合算はできない。また、免税免許のない店舗では引き続き免税できない。極めて残念なことに、免税店の資格取得の要件については今回一切改正されなかった。

その取得要件は主に2つだ。①店舗の所在地が、訪日客の利用度が「高いと認められる場所」であること。②店舗が訪日客への販売に必要な人材および物的設備を備えていること。まず①の要件は今後ぜひ撤廃していくべきだと強く思う。なぜなら、多数の訪日客の来訪が望めない地方・地域の小売店にこそ、むしろ先に外客免税免許を積極的に交付し、地域への訪日客の来訪動機をゼロから生み出すべきと思うからである。②に関しては少なからぬ困難を伴いつつも、企業側の努力次第で解決可能だろう。

最後に、今回の外客全品免税の実現に際し、これを大チャンスとして活かすための方策を提案したい。むろん、全小売業が免税免許を取得して、どんどん外客に免税販売し外貨を獲得していくのは当然だ。一方、サービス業は引き続き免税にはならない。サービスはその場で消費され輸出できないからだ。しかし、ここであきらめてはならない。発想を変えてみるのだ。

今回の改正により消耗可能品も免税対象となる。たとえば美容室で高級なシャンプーとリンスのセットを5001円以上で販売すれば免税となる。グルメ店で自店の食材パック詰め合わせを販売してもいい。ホテルや旅館の売店でも免税免許の取得は可能である。このように、サービス業の店・施設であっても、発想を転換すれば、むしろ免税対応を売り物にして、本業であるサービス産業における新たな外客集客のきっかけとなる。まさに可能性は無限大である。

インバウンドは“輸出産業”である

TRAVEL JOURNAL
2014.6.9

13年度の国際収支が発表された。経常黒字はわずか7899億円。比較可能な85年以降初めて1兆円を割り込んだ。過去最少の黒字額だという。実際、日本の経常黒字は90年代後半には16兆円を優に超えていた。その黒字幅は激減し、いまや国際収支赤字国家への転落の一歩手前までに落ち込んでいる。戦慄すべき状況だ。その主因は10兆8642億円もの貿易赤字だ。日本はもはや輸出大国などではない。

この貿易収支の大赤字を埋めたのは、海外子会社の所得や海外投資の利子等で得られた所得収支であった。そしてもうひとつの貢献要素が、サービス収支、なかでも旅行収支の大幅な改善だ。
実際、13年のわが国の旅行収支、すなわちアウトバウンド（海外旅行）の総支払い額から、インバウンド（訪日旅行）の総収入額を差し引いた金額は6545億円の赤字となった。「なんだ、まだまだ赤字じゃないか」と皆さんは落胆するかもしれない。しかし侮ってはいけない。この6545億円の赤字の数値を、前年の1兆617億円の旅行収支赤字と比べると、赤字幅はほぼ半減しており、差し引きでプラス4072億円の収支改善が実現している。もともと、インバウンド旅行収入の外貨取得率は極めて高く、受取国の国際収支にダイレクトに資する。万が一、13年度のインバウンド収入が伸び悩んでいたら、国際収支の黒字額7899億円は（改善分4072億円を差し引いた）3827億円へと半減していたことになる。

インバウンドはいまやわが国の最重要な「稼ぐチカラ」のひとつとなりつつある。おそらく、今年度ないし15年度中には、上向きのインバウンド収入の折れ線グラフがアウトバウンドの支出のそれと交差して“ゴールデンクロス”ポイントを迎え、わが国の旅行収支赤字は黒字へ転換するだろう。そして東京五輪を迎える20年までに、名実ともにインバウンドがわが国の屋台骨を支える花形産業へ成長しているに違いない。

私は大学の新学期の講義冒頭で、毎年「インバウンド＝輸出産業」「アウトバウンド＝輸入産業」という図式を、あえて何の説明もせず書き出す。すると必ず、一部の学生諸君からツッコミが入る。「それは逆でしょ。インバウンドは訪日客が日本に入ってくるから“輸入”で、アウトバウンドは日本人が海外に出かけていくのだから“輸出”でしょ」と。この時こそ、彼らの意識改革を行う絶好のチャンスだ。待ってましたとばかりに、私はすかさず反駁《はんばく》する。
「そうかなあ。みんなは人の流ればかりを見ていて、モノの流れを見ていないんじゃないかな。たとえば、上海のお金持ちが東京に来て、炊飯器をお土産に買っていくとする。そのお土産は輸出品になるのか、それとも輸入品になるのか」と問いかける。すると、たいがい彼らは一瞬の間の後、「確かに輸出品だ。そうか、人ではなくモノの動きを追えばいいんだ。なるほど、インバウンドはやっぱり輸出だね」とあっさり同意してくれる。そして、「逆にアウトバウンドの海外旅行客は、たとえばパリに行ってブランド品を買って帰ってくるから、旅人が輸入事業者のようなものだね」と、こちらもすんなり飲み込む。

もちろん、アウトバウンド市場の再興は喫緊の大テーマである。しかし、わが国の持続可能な未来を切り拓く大きな産業は、やはり何といってもインバウンドだと思う。

10月1日からは外客「全品免税」制度も始まる。今後、外客消費がうなぎのぼりになるのは間違いない。何より待ち遠しいのは、来春発表される今年度の国際旅行収支だ。上述のとおり、いきなり黒字化している可能性は極めて高い。真の観光立国の始まりはまさにそこからである。

地域連携から広域“間”連携へ

TRAVEL JOURNAL
2014.8.4

今夏、中国から主要旅行会社幹部を招聘し、当社独自のファムを行った。ファムとはfamiliarization tour（観光地に慣れ親しんでもらう旅）の略で、モニターツアーとも訳される。東京都心と山梨県の石和温泉・河口湖を中心に、ドン・キホーテでの買い物に加え富士山や勝沼のワイナリー巡りを楽しんでもらった。

富士山観光に精通している人々も、甲府盆地に広がる葡萄畑とワイナリー巡りは初めてのようで、ひどく魅了されていた。中国人富裕層の間では、フランスや米国西海岸などのワイナリー巡りはすでに定番で、ワイナリーごと買収する大金持ちもいるという。上海の旅行会社幹部は、「美味しいのに安い、安い！」と、ワインを何本も買っていた。「富士山の周りに、こんなに魅力的な観光資源があるとは知らなかった。“東京の”新しい観光資源を発見できてよかった。ぜひ商品化して、旅行客をいっぱい連れてきたい」と、興奮の面持ちで語ってくれた。

“東京の”というフレーズを聞いた瞬間、虚を突かれた気がした。そうか！中国人観光客から見れば、石和や勝沼は東京の一部なのだと。実際、新宿から中央高速に乗ると、私が添乗した大型観光バスはあっという間に甲府盆地に到着した。東京都と山梨県の行政区分・都県境など、車中の誰一人意識していなかった。東京在住の者からすれば、山梨は別地方だが、はるばる中国から何時間もかけて来た人々からすると、石和や勝沼も大東京圏（グレーター・トウキョー）の観光地に他ならない。

20年に向けて、東京五輪のレガシー（未来への遺産）化が叫ばれている。東京一極集中を回避し、観光客に地方を旅してもらう工夫に力を入れるべきという議論が始まった。実際、12年のロンドン五輪の際、会期中の外客数は前年同時期に比べマイナスになったという。観戦客の集中による市内宿泊費高騰や移動制限を嫌って訪英客がロンドン訪問を避けたためといわれている。五輪レガシーの中でも一番大事なことは、20年までに東京中心の訪日トレンドを地方に分散化する仕組みの実現だと強く思う。実際、地方に拡散しない限り、訪日客2000万人という高みも、3000万人という大夢も、ただの幻と化してしまいかねない。

先日、東京で国土交通省関東運輸局主催の「広域連携シンポジウム」が開催され、私を含め関東各地の諸氏が登壇し熱い論議を交わした。なかでも、鬼怒川温泉を束ねる名物女将の発言が心に刺さった。「私たちの宿を海外で売るには、“鬼怒川の”でも、“日光の”でも、“栃木県の”でも役不足。“大東京の”温泉地としてこそ売っていきたい」。地元の「地域連携」に熱心に取り組む人の発言には独特の説得力があった。

世界全体の市場に当該地域を売るには、単独の観光地では限界がある。地域連携に加え、大東京、すなわち関東全域での「広域連携」が不可欠となる。しかしこれで終わりではない。東京五輪の巨大な集客パワーを関東一円にとどめることなく、日本列島の北から南に広く拡散するには、さらに「広域“間”連携」を実現する必要がある。そのためには国際空港を有する札幌・仙台・名古屋・大阪・福岡等のメガ・ハブ都市間の強い相互連携が不可欠だ。そして、そのハブ都市から当該地方内の主要観光地へのスポークが何本も広がっていなければならない。

大東京という心臓部が、各ハブ都市という大動脈を通して、訪日旅行者をわが国の全身、すなわち津々浦々の各地に送り出すポンプとなるのだ。もちろん、東京や各ハブ都市のほうにも、ゲートウェイ都市としての大需要が生まれ、無限の恩恵があるのはいうまでもない。

増えよ！訪日プレーヤー

TRAVEL JOURNAL
2014.9.8

インバウンドの好調もあってか、今年の夏は全国から研修会・講演会・シンポジウムへの登壇依頼が集中し、日本列島を北から南まで"巡業"した。地方の熱気は東京以上に高まりつつある。全部の依頼に身一つではとても応えられないくらいだ。なかでも特に印象的だったのは、2つの古都、京都と奈良での講演会だった。

まず京都に関しては、商工会議所の招きということもあり、"狭義の"観光関係者にとどまらず、"広義の"、すなわち小売業界など実にさまざまな業種の聴講者を目にした。来場者数100社を優に超える熱気あふれる会場では数多くの方々と触れ合い、京都のインバウンドの可能性について語り合った。時間が足りなかった。

東京に戻った後も、何社もの方々から、丁寧なメールやお礼状、京都の観光資料などを多数お送りいただき、さすが千年の都だなあ、とあらためてその細やかな気配りに感銘を受けた。特に印象深かったのは、彼らが共有する強い危機感だった。「確かにこれまでは、何もしなくても世界中から訪日客は多数来てくれた。しかし、国内人口が減るなかで国内観光客の絶対数は今後減っていく。インバウンドの可能性は無限大だ。今後は"待ち"の姿勢でなく、"攻め"の姿勢で取り組んでいかねばならない！」と、口々に熱く語っていた。

実際、7月2日に米国の大手旅行誌「トラベル・アンド・レジャー」が発表した世界の魅力的な都市を決定する読者投票ランキングでも、京都は日本の都市として初めて世界1位になった。京都のブランド力は圧倒的だ。その京都までもが本気になり始めたのだ。この秋には、私自身も参加して京都における、恒常的、業種横断的なインバウンド戦略委員会も結成予定だ。

一方、奈良県庁主催の講演会は、訪日外国人観光客であふれかえる東大寺境内の講堂で行われた。外客全品免税に関する質問も多く、こちらも広義の観光事業者の姿を数多く見かけた。印象的だったのは、県庁内の各部局の横断的連携がよくできていて、商工系・物産系、街づくりや都市土木の担当官の方々が相互に極めて親密で、私も一気に副知事をはじめ県庁の主要部局の方々と深く交流できたことだ。インバウンドは特定業種の事業者や、行政の特定部署スタッフの力だけで成功できる領域ではない。奈良県の高いポテンシャルを強く感じた。

7月末の定例記者会見の場で、観光庁の久保成人長官は「14年上半期の訪日外国人旅行者数は626万人となり、過去の実績から鑑みると上半期と下半期の割合はほぼ同数。今後、外的要因による影響もあり得るが、14年について下半期が上半期と同数程度と単純に計算すると、年間では概ね1200万人台に達するのではないか」とコメントした。私は、個人的には1300万人さえも夢ではないと思っている。

今後、20年の東京五輪開催に向け、インバウンド市場は日本中で拡大し、さらに沸騰するだろう。10月1日からは待ちに待った外客全品免税制度が始まる。従来は、舶来のスーパーブランドや時計宝飾品、デジカメや炊飯器などの耐久消費財のみが免税対象だった。今秋からは違う。消耗可能品、すなわち地元の農産物・海産物・銘菓・地酒など地方産品も全部免税となる。従来の免税対象品は輸入品や工業製品中心で、品揃えの面で東京・大阪などの大都市に圧倒的に有利だった。だがこれからは違う。新規対象品目は地元でしか買えないものも多い。地方にも大きな可能性が生まれる。インバウンドのプレーヤーが秋以降、中央はもちろん地方でも、官民共に一気に増えていくのは間違いあるまい。

花仕事と米仕事

TRAVEL JOURNAL
2014.10.6

今夏、和歌山に出張した。その際、県庁の方に「中村さん、訪日客が押し寄せている和歌山電鐵の貴志駅をぜひ一度見ませんか」と熱く勧められ、視察に伺った。すると、貴志駅に足を踏み入れたとたん、噂に違わず、アジアの若い女子の皆さんが駅構内で写真を撮りまくっていた。猫の「たま」駅長のケージには人だかり。駅舎も猫をイメージした独特の建物。随所に細やかな演出が散りばめられていた。カフェや売店も独特の趣があった。そして何よりも電車の外観・内観が遊びごころ満点。見たこともないおしゃれな空間だった。「これなら海外にまで話題になるはずだ」と、その人気ぶりに合点がいった。と同時に「あれっ、この感じ、記憶があるぞ、もしかして？」と、デザイン主の名前をぼんやり思案していたとき、県庁の方から「デザインは水戸岡鋭治さんです。JR九州の観光列車で有名な方です」と説明いただいた。「ああ、やっぱり！」。嬉しかった。わがふるさと九州に帰るたびに、水戸岡さんのデザインした列車に乗るのを楽しみにしていたからだ。

この体験がきっかけとなり、さっそく同氏の著作『電車をデザインする仕事』を読んだ。その中で偶然にも貴志駅に言及していた。この貴志駅と和歌山電鐵の車両デザイン（いちご電車、おもちゃ電車、たま電車）こそ、自らの「花仕事」の代表例であると。水戸岡氏は、企業人としての稼ぎ仕事を「米仕事」、公共的・社会的視点で行う金銭的代価を超えた仕事を「花仕事」と名づけ、よく使っているという。米仕事は経済につながる仕事で、花仕事は環境や文化を大切にする仕事であるとも説明している。

同氏は、岡山の農村で生まれ育ったことで、この分類を着想したという。農家の人々は、米仕事として朝5時から農作業をし、午後になると花仕事として壊れた橋やお祭りの準備など村全体の仕事をする。これによって、村の環境や文化、人・物事が絶えず栄えていくと語る。

私は、同書のこの一節を目にした瞬間、あっ、この考え方はまさにインバウンドの領域にも、当てはまると思った。外務省によるビザ発給条件の緩和に伴い、当該国からの観光客が増えた。円安も加速し、アセアン、そして世界中の人々が今日本に押し寄せる。新免税制度施行も大きな追い風だ。インバウンド市場は、いまや“文字どおり”猫の手も借りたいほどの忙しさ。売り上げも絶好調だ。当然、誰もが米仕事に夢中になっている。一方、その合間に花仕事にもきちんと汗をかいている人はまだ少ない。インバウンド市場は、ようやく始まったばかりの新規産業ゆえ、仕方のないことだが、人々は明日のことは考えず、今日の売り上げに没頭してしまいがちだ。しかし、自分の田んぼの世話ばかりしていたのでは、公共の用水路はやがて泥で埋まり、橋は傷み、村祭りの準備はおろそかになる。

今はよくても、いつか円高の時期が来るかもしれない。各種の国際的事件が勃発するかもしれない。観光立国の実現に向け解決すべきわが国の課題は山のようにある。未来への備え、地域全体・国全体の利益のための奉仕、すなわち花仕事なしには、やがて未来の米仕事の基盤そのものが奪われる。水戸岡氏が説くとおり、米仕事と花仕事のバランスが必要なのだと思う。

新宿インバウンド実行委員会という、東京新宿の商業施設の皆さんと作った訪日客誘致チームは、新免税制度施行対応の最中にも毎回の会合にきちんと全メンバーが揃う。各社が常に街全体のこと、来年の春節（旧正月）、6年後の東京五輪に向けたおもてなし向上策を考えている。会に出席するたび、花仕事の価値を教えられる。

免税免許を取った後が肝心！

TRAVEL JOURNAL
2014.11.3

この秋も全国を“地方巡業”し、各地の免税関連の講演会・講習会で登壇した。10月1日の新外客免税制度施行以降、世の中のインバウンドに対する熱意が明らかに違う。車のギアにたとえると、シフトが一段、いや二段ぐらい上がった感じだ。世に中が確実にインバウンドに向けて動き出した。わがドン・キホーテグループも、全国各地の店舗から免税オペレーションに関し、ほぼ毎日問い合わせや要望が寄せられる。

先日、福島の当社主催の免税講習会に赴いた際には、免税申請に関する具体的な質問が会場中から飛んできて、福島の商業者、観光関係者、行政の皆さんの並々ならぬ意気込みが伝わってきた。受講者数こそ多くはなかったが、会津地方など県内各地から熱心な人々が福島市内の講習会に集まった。当該地区の先駆者の皆さんだ。

観光庁の今年4月のデータを見ると、福島県の免税免許店は9店。全国5777店の免税店数の中では埋没してしまう数字だ。しかし当日の講習会場には、すぐにでも申請したい勢いの人もいた。実際、和歌山県では、4月時点で7店しかなかった免税店が、9月末に45店と6倍以上に急増している。すごい実績だ。さらに現在、同県で14店舗が税務署に申請中という。恐るべきスピードだ。政府の掲げる目標免税店数は20年までに全国で1万店というが、おそらくこのスピードでいけば、あと数年で達成するだろう。東日本大震災被災地の福島県も、和歌山県の事例を抜く勢いで免税免許を取得できるよう、微力ながらお役に立ちたいと思う。

ただし、免税の免許が取れたら、すぐに訪日観光客の行列ができるかというと、世の中、そう甘くはない。免許は基盤となるインフラでしかない。訪日客を呼び込む力がない限り、そして自店が免税店であることを訪日客の皆さんに告知しない限り、誰も知らないのだ。では、免許取得後にまず何をするべきか。

まず始めるべきは、自店の周りの商店の人たちと連携することだ。商店街全体で免許を取ることが一番いい。街ごと、いや市町村ごと、みんなで申請してもいい。実際、訪日客の皆さんから見れば、どの店が免税店で、どの店がそうでないかなどわからない。街ぐるみで免許を取得したほうがいいに決まっている。みんなで連携すれば、免税手続きでわからない点や、今回新たに必要になった消耗品対象の特別梱包材（開封したことがわかる資材）などの共同購買も容易になる。インバウンドの分野では、自分だけ成功することは不可能だ。その地域に訪日客が増えない限り、自店だけ免税販売大繁盛というのはありえないからだ。免許を取ったら、どんどん周りに「こうして取れたよ」と教えて回るくらい“お節介”すべきだと思う。

次に取り組むべきはプロモーションだ。座して待っていてもチャンスは訪れない。地域の観光行政の窓口、観光協会などに問い合わせてみてはいかがだろう。みんなで資金を出し合えば、それほどの負担もかからない。共同の外国語パンフレットやマップを作ってもいい。地元のホテル・旅館や観光案内所、駅に置いてもらうだけでも告知できる。また、最近はフェイスブックやツイッターなどSNSで発信することも可能だ。もちろん、若干の語学力は必要になる。しかし、ネット書店などで「おもてなし英語」「接客英語」などの検索語で調べると、山のようにたくさんの本が出ている。案ずるより生むが易し。まずはやったもん勝ち、学んだもん勝ちなのだ。

えっ、まだ免許を取っていない。では、まず免税免許を取りましょう。申請料はなんと驚くなかれ、完全無料なのだから。

インターンシップの効能

TRAVEL JOURNAL
2014.12.1

今年も当社グループのインターンシッププログラムに関わった。テーマはインバウンド。60人の大学生を受け入れた。店長目線でインバウンドの集客を企てるマーケティングコース（30人）と、商品部目線で訪日外客向け新商品開発に挑むマーチャンダイジングコース（30人）。

私は2コース全体のガイド役を担いつつ、主にマーケティングコースの諸君と約1カ月にわたって交流した。参加学生のうち、観光系大学・学部に通う学生は意外にもわずか1人。経営学部・経済学部を中心に実に多様な学部学科の学生が参加していた。なぜ、このプログラムに参加したのかを尋ねてみた。「ゼミの指導教官から、これからはインバウンドだ。ぜひこの分野のインターンシップを探してみるべきという助言があったから」とか、「最近報道でインバウンドが伸びているとよく耳にするので、インターンシップに参加して、訪日観光の現場を知りたいと思ったから」とか、口々に志望動機を熱く語ってくれた。就活予備軍の大学3年生は、近い将来の職業選択に役立てようと、貪欲に生の情報を求めている。インターンシッププログラムへの参加は、まるで大学生版キッザニアだ。

ちなみにマーケティングコースでは、ドン・キホーテ浅草店店長になりきって、東京・浅草地区の街ぐるみの多言語マップ作成をミッションとして掲げた。5人のチームを6班つくり、このうち5班は英語・中国語（繁体字・簡体字）・韓国語・タイ語の各版の街の情報取材に、残る1班は各版に共通するドンキの店内情報収集の任務に就いた。当社が手がける「ようこそ！マップ」シリーズ浅草版の企画と取材をあえて学生諸君に任せることで、インバウンドにおける地域連携の重要性を体験学習させてあげられるまたとない機会だと思ったのだ。

浅草の雷門から仲見世、観音様までは訪日客でごったがえしている。しかし、メイン通りから外れると訪日客の姿はめっきり減る。インターン生諸君は、1カ月間にわたって浅草の飲食店や観光施設・土産物屋などを回り、実に斬新なコンテンツを探してきた。街の人たちも意欲的な学生たちの取材姿勢に共感し、思いがけずさまざまな特典を提供してくれた。非メイン通りの街の人たちも学生諸君に刺激を受け、減り続ける国内客に加え、メイン通りから訪日客を引き込む方策を一緒に考えてくれたという。

生の実業に触れることで、抽象的な座学だけの学生の知識が具体的で実践的な知に変わる。街の人々の温かい眼差しと危機感が彼らにやりがいと責任感を与えた。最初は遊び半分だった一部学生も、回を重ねるたびに真剣さが増した。　実習中の1人の女子学生の何気ない、無茶振りの一言が強く印象に残った。「何で日本の大学は学部や学科の枠でしか勉強できないのかな。米国では、多様な科目の中から専攻（メジャー）と、複数の副専攻（マイナー）を選べて、最終的に自分の職業に直結する分野の勉強をする。社会の変化に瞬時に対応した斬新な科目群もある。日本ではかつての私みたいに世間知らずの18歳の高校生が何となく選んだ学科の壁に制約される。自分の専攻に興味を失った周りの子たちは、授業中はスマホをいじり、何年間も退屈そうに出席するだけ。まったくの無駄。みんな今回の私たちみたいにインバウンドの現場を知ったら、絶対観光学専攻に切り替わるはずです。在学途中で社会ががらりと変わるんだから、個人の興味と関心も変わるはず。中村さん、在学中に専攻変更自由自在となるような、大学教育改革をぜひ実現してくださいよ！」

観光立国の若き志士の卵の悲痛な叫びだった。

ありのままでいいのか？

TRAVEL JOURNAL
2015.1.5-12

最近、ニュースやドキュメンタリー番組などで、訪日観光客の街歩きツアー特集が頻出する。お茶の間に伝わるメッセージは、「ありのままのニホンが観光コンテンツになっている。電車が定時運行する様子、清潔な町並み、渋谷のスクランブル交差点の人波、下町の猥雑な風景など、そのまんまのわが国の日常生活や風景が“ガイジン”に受けている」というものだ。

本当にそうだろうか。ありのままのニホン、電信柱だらけの町でいいのか？ こうした最近の風潮に、少なからぬ違和感と懸念を持っている。おもてなしとは、顧客の期待以上の何かをあらかじめ準備し、弛《たゆ》むことなくそれを磨き続けて提供すること。「今・ここ」でしか味わえぬオンリーワンの何かを提供すること。そして、日々の努力と研鑽・改善なしに、顧客を飽きさせずリピートさせ、感動させ続けることなど不可能だと強く思っている。

14年に大ヒットしたディズニー映画「アナと雪の女王」の歌詞のサビの部分は以下のとおりだ。「♪ありのままの姿見せるのよ ♪ありのままの自分になるの ♪何も怖くない」

勘違いしている方も多いのではないか。もちろん、この歌詞のことをいっているのではない。訪日市場における冒頭に述べた論調のことだ。ありのままでいいのだから、われわれは大した努力など要らない、何もしなくていいと。断じてそうであってはならないと思う。「ありのままの姿見せるのよ」というのは、己の町の個性を殺して、別人（東京など大都市）の真似をする必要などないということだ。高度成長期以降、日本中の都市が東京の真似をし、主要駅を降りてもどの街に着いたかわからない“小東京”となっている。同じようなビル街、同じようなチェーンホテルと商業施設が並ぶ。

仕事柄、各地を訪問することが多いが、ありきたりの料理、目をつぶったら、どこに来たかわからないようなご飯を食べることも多い。せっかくご当地に来たからと郷土料理や地元の名物料理を注文するが、これがまた判を押したように、どこの店も同じ味で、いまひとつなことが少なくない。サービスもお仕着せで侘しいことが多い。自分を否定し、自分を貶めて、他人（誰かの真似）になろうとしてはならない。観光とは、本来非日常を求める人々の活動だ。非日常を旅人に提供するためには、観光地側は、己の町の伝統を取り戻し、ありのままの（本来の）自地域の景観（町並み）・生活文化・食文化を蘇らせ、取り戻し、提供することだ。

先日、沖縄の那覇を訪れた。大好きな街のひとつだ。毎度立ち寄る琉球料理の店がある。広告情報誌には載っていない、国際通りから少し外れた、地元の人御用達の店だ。定期的に店長からハガキが届く。「那覇店好調ですね。いつも利用させていただいております」などと自筆のメッセージが添えられる。店長に尋ねた。「何でDMだけじゃなく自筆でメッセージを書き込むの」と。店長は応えた。「だって、誰もがやっていることと同じことしていたら俺の店じゃなくなっちゃうじゃないですか」と。

確かに、彼の店の琉球料理はいつも一工夫されている。島らっきょうは炙ってある。もずくは、ざる蕎麦風で温かい濃厚なスープと共に出てくる。一つひとつが沖縄固有の食材だが、常に新しい解釈が加わっている。だから、いつ行っても楽しい。1年行かなくても久しぶりに行っても、変わらない普段着の笑顔で、まるで常連の地元客のように迎えてくれる。「ありのまま」を維持するには、強烈な情熱と日々の研鑽が必要だと、この店に行くたびに痛感する。

忘れえぬお・も・て・な・し

TRAVEL JOURNAL
2015.2.9

仕事柄、年中国内外に出張する。それゆえ、航空機・電車もバス・タクシーでの移動も、ホテルでの滞在も私の暮らしの中では日常だ。ちょっと気取っていえば、松尾芭蕉「奥の細道」の序文のような暮らしだ。「月日《つきひ》は百代《はくたい》の過客《かかく》にして、行《いき》かふ年も又旅人也《たびびとなり》。舟の上に生涯《しょうがい》をうかべ、馬の口とらえて老《おい》をむかふる物は、日《ひ》々旅にして旅を栖《すみか》とす…」。昔の船乗りや馬子のように、私も旅をすみかとしている。そして、日々アジア、国内各地の産官学の皆さんと触れ合い、社業を遂行し、講演・講習・講義などを行っている。

それゆえ交通機関は安全に所定の時間どおりに移動できればよく、ホテルは清潔であって安眠できればいい。そんな私の何気ない旅の道中にも、時折心震えるような忘れえぬ体験がある。

1つ目は列車でのエピソードだ。2年ほど前のこと、私は中部空港（セントレア）に向かっていた。行程がタイトで急いでいた。名古屋駅で慌てて特急電車に乗り込んだ。しばらくして車掌さんが検札に来た。私の乗車券を手に取るなり、「お客さん、これ別の列車です！　あっ、セントレア行き。フライトの時間は大丈夫ですか。次の駅で降りて乗り換えてください」。何と、違う特急の同一号車の同一席の指定券だった。

彼は、他の乗客の検札のため向こうに行ってしまった。真っ青になった。動転しながらもすぐにスマホで乗り換え方法を調べ始めた。あせって、うまく調べられずにいた。すると、先ほどの車掌さんが紙片を持って戻ってきてくれた。乗り換え方法が事細かに精緻な文字で書かれていた。検札を終えるや否や、乗り換え時間等を調べてメモ書きして、わざわざ戻ってきてくれたのだ。さわやかな声で「最短のルートだと思います！　参考にしてください」。彼の指示どおりに乗り継いだ。すると、驚いたことにギリギリ定刻に間に合った。感動した。

2つ目は昨年、飛行機の中での出来事だ。その日、私は羽田空港から西日本方面に向かっていた。機内の座席に不具合があり、近くのCA（客室乗務員）さんに移動を申し出た。ベテランの方のようでそつなく私を新しい席へ誘導してくれた。お礼を述べたら、さわやかな笑顔で応えてくれた。何気ない会話を少しした。スムーズなフライトを終え、やがて機体は空港に到着した。手荷物を手に降りようとした。すると、先ほどのCA の彼女に声をかけられた。

「実は私、今日が半年ぶりのフライトなのです。すいません。余計なことかもしれませんが、実は半年前、客室のお世話中にタービュランス（乱気流による航空機の大揺れ）で吹き飛ばされ腰を強く打ちました。半年間歩行不能になり、リハビリ療養後、若い新人の後輩たちに混じって再研修を受けました。今日が復帰後の初フライトだったのです」。喜びを誰かに伝えたかったのだろう。「どうしても、どうしても今日の復帰をどなたかと分かち合いたかったのです」。彼女の目にはじんわりと涙が浮かんでいた。けがをしても、半身不随になりかけても、必死に療養して空の職場に復帰してきた彼女のプロ魂に感動した。これ以来、飛行機に乗るたび、シートベルトは常時きっちり締めることにしている。

この2つのエピソードに共通するもの。それはプロとしての情熱。そしてサービスを超えたサービスを提供する姿勢、旅人目線だ。運賃という対価を超えた心のサービス、それが“お・も・て・な・し”だと思う。提供者の目線でなく、旅人の目線からサービスを考えれば、そこには差別化戦略の大きなヒントが眠っている。ちなみにあの時、車掌さんからもらった紙片は、旅の宝物として今も大切にとってある。

マーケティングの原点

TRAVEL JOURNAL
2015.3.9

13年に1000万人の大台を超えた訪日客数が、14年に29.4％も伸長し1341万人に達した。さらに注目すべきは、14年にインバウンドの消費総額が43.5％増の2兆305億円となり、初めて2兆円の大台を超えたことだ（13年は1兆4186億円）。内訳を見ると、13年2位の買い物代が、1位だった宿泊代と入れ替わり、14年に7142億円へと伸びた。ついにショッピングが訪日消費全体のナンバーワン（35.2％）を占めるに至ったのだ（宿泊費は30.0％）。

この躍進は円安進行もさることながら、14年10月の新免税制度施行が大きく作用した結果だと思う。新免税制度の眼目は、消耗品が新たに外客免税対象に加わったことだ。これにより、地場産品、農林水産加工品も訪日客であれば免税されるようになった。こうした状況を背景に、お陰様で地方の農商工連携関係者、地場の中小企業からのコンサルティングや講演・講習依頼も急増している。インバウンド新規参入の方々はどうしても、手持ち商品をそのまま性急に、外客に売り込もうとしがちだ。しかし、それでは成果はおぼつかない。では、地方の産品を訪日市場で拡販するにはどうすればいいか。

ここで重要になるのはマーケットインの考え方である。自分が売りたいものでなく、相手すなわち訪日観光客の欲するものを提供しなければならない。これはプロダクトアウト＝作り手の理論を優先させる手法の対極にある考えだ。

訪日観光客はまず国ごとにニーズ（需要／欲求）が違う。さらに性別、年代別、民族、宗教ごとに違う。このギャップを埋めない限り売れない。訪日市場における物販最大化のためには、①外客の潜在ニーズを市場ごとに探り、②ニーズに合わせた商品開発、容量、包装、売り込み方を検討して、③ニーズにこちらサイドが対応可能で、ニーズに適うプロダクトやサービスを完備していることを告知する。この他、④宿や宿近くの地元レストラン等での夕朝食の実食。この際、地域連携が大切となる。店頭での試食試飲、実演販売も効果的だ。

最近、ハラール（イスラーム法で認められたもの）の専門家から聞いた話が印象的だった。ある地方の醤油醸造メーカーがムスリム（イスラム教徒）向けの醤油を作り、ハラール認証を大枚はたいて取得したが少しも売れない。どうにかしたいと相談を受けたという。聞くと、その醤油は500mlでおよそ1500円もする。高過ぎたのだ。たとえば、インドネシアの調味料ケチャップ・マニス（甘口醤油）なら、現地で通常300円もしない。ただし、それは甘すぎて刺身には合わない。煮魚用なのだ。

最近は日本食がブームでインドネシアの人々も刺身を食べるようになっている。ここにニーズがある。刺身を食べるには、日本の醤油が最適だ。刺身用なら少量（スモールポーション）で十分。彼は5分の1サイズを作り、ハラール認証済みの「刺身専用」として売り出すよう、メーカーにアドバイスした。その結果、その醤油は飛ぶように売れ始めたという。

ピーター・ドラッカーは、マーケティングの目的とは、「商品やサービスを顧客にフィットさせ、もはや売り込む必要がなくなるくらいまで、相手をよく知り、理解するようになることである」と定義した。ドラッカーの指摘どおり、成功のための秘密の答えは、すべて訪日顧客が知っている。いかなる市場においても相手の立場に立ち、相手が心から求めているニーズやウォンツに耳を傾けることに集中し、それらに愚直にフィットした商品やサービスを提供し続ければ、成功は必ず向こうからやってくる。

酒蔵ツーリズムの可能性

TRAVEL JOURNAL
2015.4.6

全国各地への講演・業務出張後の夕食時、地元の日本酒・地ワインなどをオーダーするのが密やかな楽しみとなっている。地産地消の機会を逃す手はない。過日、ドイツの田舎を訪れた際飲んだヴァイツェンの地ビールがあまりに旨くて、土産にたくさん買って帰って日本で飲んでみたが、現地で飲んだビールの味とはちょっと違ってがっかりした思い出がある。気のせいかも知れないが、やはりご当地の空気の中で飲むと旨さも格別なのかもしれない。ドイツの観光学研究者から聞いたことだが、今ヨーロッパのツーリズムのキーワードは、オーセンティシティ authenticity(本物)だという。せっかくの旅先の食事がどこで採れたか分からない在り来たりの食材、そして他所の酒ではつまらない。ご当地の”本物”を観光体験するには、その土地の由緒正しい食材・酒の要素が欠かせないのだと思う。

先日、千葉の神崎（こうざき）という町の酒蔵まつりに行ってきた。わずか一日限りのイベントだ。鉄道会社のプランに申し込み、特急列車の往復指定券・地酒のミニボトル、隣の歴史ある街・佐原市内の喫茶券などの盛りだくさんのバウチャーを手に家内と出かけた。下総神崎の駅を降りて、町の方に歩いた。それなりに賑わっていると思っていたが、街中は想像以上の人出だった。びっくりした。酒蔵のある中心街では、ごったがえす群集の中で前に進めないほどだった。一番の人気は、二軒ある醸造元の蔵でふるまわれる無料の利き酒だった。何しろ会場内に入るのに2時間待ちなのだ。何種類もの個性の違う日本酒が少量ずつとはいえ、飲み放題。これは、酒好きには堪らない。あれこれ飲み比べてみたが、本当にそれぞれの酒に個性があり、日本酒の奥深さを改めて実感した。酒蔵の外にも何百もの露店が並び、オーガニックの野菜や地元の和菓子、団子、地鶏の焼き鳥などの屋台が出て大賑わいだった。旅芸人の一座による花魁《おいらん》道中も余興として催され、凄まじい人だかりだった。欧米系の外国人観光客の姿も散見した。まさに田んぼの真ん中の街に、まるで大都会の喧騒がにわかに誕生していたのだ。

その日は美酒に酔いしれ、帰りの特急列車に乗り、途中佐原の街に足を伸ばし、また列 車に乗って家路についた。大満足の一日ではあった。だが、同時にこの日、電車の中で心の中に浮かんできた言葉は、「ああ、もったいないなあ！」であった。何がもったいないのか。実は、この神崎の街には、以前イベントとは無関係の時期の週末にドライブして出かけたことがあった。目当てにしていた天然酵母パンの店は週末は閉まっていた。酒蔵もお休みで見学もできなかった。しかたなく、人っ子一人いない閑散とした街中の小さなスーパーで地酒を買って帰った残念な記憶があったのだ。

この酒蔵まつりの賑わいを日常化できないか、イベント時だけではなく、日ごろから観光客、最近であれば欧米系の訪日客なども集客できないか。どうすれば、一年を通して賑わいを作れるのだろうか、などと老婆心ながら、この町の可能性を夢想した。蔵元をはじめ地元の関係者の大変な努力でこの祭りが成功している。これを年一ではなく、小規模でも通年的な賑わいに変える方法。その解決策として、例えばオーベルジュ（料理旅館）を誘致し、地酒とのマリアージュを実現した美食の提供。街中の空き家をリノベーションして外客向けゲストハウスを開業、などを思いついた。酒を飲んだら車には乗れない。この町は交通至便でもない。いい宿があれば、長期滞在も可能だろう。個性的なショップの商機も生まれ、雇用が生まれ、街に活気が生まれるかも知れない。酒蔵ツーリズムの無限のポテンシャルの現実化。夢の実現の可能性にワクワクしているのは私だけだろうか。

シンガポールから日本を想う

TRAVEL JOURNAL
2015.5.4-11

今春3月、シンガポールに出張した。そして偶然にも同月23日に亡くなったリー・クアンユー（LKY）初代首相の国葬に遭遇した。葬儀は同月29日に営まれた。安倍晋三首相をはじめ各国首脳も参列し、この国父の死を悼んだ。LKY氏の棺は、15.4キロにも及ぶルートを砲架車に載せられて狭い国中を巡った。当日は、荒天となり、私自身もびしょ濡れになった。滝のような雨の中、沿道には無数の国民が傘もささずに葬列を見守った。

脳裏に、ふと芭蕉の『奥の細道』中の「塚も動け我《わ》が泣く声は秋の風」の句が浮かんだ。芭蕉の弟子、一笑《いっしょう》の急死を悼む追善の句だ。塚とはお墓のこと。芭蕉は、吹き荒れる秋風に自らの激情をかぶせ、深い鎮魂の叫びを「塚も動け」と激しく表現した。嵐の中、泣きながらLKY氏の亡骸を見送るシンガポール国民の姿に触発されて、この名句がわが心の耳に響き渡った。大雨の中、天もまるで同氏の死に号泣しているかのよう思えた。

LKY氏の1959年の首相就任時、シンガポールの人口は2百万人にも満たなかったという。それが今や約550万人。1960年の同国のGDPは10億ドル未満だった。それが14年には、3千億ドル（約35兆7千億円）へと300倍の成長を遂げた。1960年に、一人あたりGDPは日本円で約5万円だった。これが 2014年に、一人あたりGDPは650万円を超えた（ちなみに日本の同年のそれは384万円）。

LKY氏の強権的な国家経営、言論統制には、後年内外からの批判もあったようだ。しかし同氏の指導力と構想力なくして、この急成長と成功はなかった。世界有数の高人口密度を誇りながら国土の50%以上の面積が緑で覆われているこのガーデンシティの中心部には、摩天楼の金融街、カジノや天空のプールで有名なマリーナベイ・サンズ、映画「アバター」の世界のようなガーデンズ・バイ・ザ・ベイなどがあり、東京のせせこましい地下鉄とは比較にならないMRTが縦横に走り、街には高級そうな服を着た市民が溢れる。タクシーの運転手も親切でホスピタリティ度が高い。英語の通じない場所はない。郊外の高層住宅街も未来的にデザインされていてカッコいい。常夏の暑さと物価高を除けば、すべてが清潔ですこぶる快適。正直、本当に魅力的な人工の都市国家だとほれぼれするし、改めて今回ちょっと嫉妬さえ覚えた。

一方の日本。シンガポールに比べると、街のあちこちが猥雑で汚い。帰国したとたん彼我の落差に改めて愕然とした。都心にも電信柱が乱立し、狭苦しい駅のホームの床や天井は古く汚れている。乗客のマナーも劣化している。しかし、もちろん日本のいいところも山ほどある。歴史の厚み、地域文化の多様性など、比較にならないくらい豊かだ。桜、紅葉、雪、四季折々の風物。繊細な季節感。安くて美味しい食事やスイーツ。いうまでもなく、日本にあって、建国後わずか半世紀のシンガポールに無いものを数えれば、きりがないくらいだ。日本でも近年カジノ解禁論とシンガポール並みのIR（複合型カジノ）誘致の議論がかまびすしい。もちろん他国の成功事例は学び、取り入れるべきだ。しかし、日本が最優先すべき観光立国戦略は、もっと他にあると思った。それは何か。それは、日本各地の多様性を守るということに尽きると思う。人工のハコモノは金さえ積めばいつでも作れる。しかし固有の歴史遺産、生活文化の多様性は一度消滅すれば二度と復元できない。復元したとしても偽モノとなる。

失われ始めている各地の歴史的町並み・景観、地域性、高い市民モラル、風土に根ざした各地の固有のおもてなし文化、愛郷心こそ、観光立国の基盤となる最強の観光資源だ。これらの消滅と劣化を阻止することこそ、今わが国が取り組むべき最優先事項なのではないか。人工都市国家シンガポールで痛感したことは、他でもない、まさにこのことであった。

インバウンド専門部署の創設を！

TRAVEL JOURNAL
2015.6.8

1～3月の訪日客累計数は約413万人となり、前年同期比43.7％増を記録し、同時期の訪日外客消費総額も64.4％増の7066億円に達した。特にこの1～3月の勢いが功を奏し、14年度（14年4月～15年3月）の財務省発表の旅行収支が実に、1959年以来55年ぶりに黒字に転換した。ついにアウトバウンド（海外旅行）での日本人の支出よりも、訪日外客の消費額のほうが2100億円もの超過となったわけだ。単月の旅行収支ではすでに、14年の4月、7月などは黒字化していた。しかし通年で黒字達成というのは歴史的快挙だといえる。インバウンドが、日本経済全体を支える基幹産業となる時代の幕開けがやってきたのだ。しかし他方、この状況の激変に、はっきりいってまだ官民共に、体制変革が追いついていないのも実態だと思う。

では何がこの状況変化に追いついていないのか。それは、いまだにインバウンドの専門部署を持っていない企業が多いことだ。春節のいわゆる“爆買い”などの狂乱を経て、この4月に一部の企業では慌ててインバウンドの専任担当や、専門部署を新設したりしたという話を少なからず耳にする。それはまだ一部の限られた先進的な企業でしかない。大半の企業では、泥縄方式の対応に終始し、現場も本部も新たな状況に十分に対応しきれていない。

また、インバウンドの担当部署や担当を創ったという企業でも、詳しく話を聞いてみると、「いやあ、実はまだ他の業務との兼務なんです」という本音を漏らしてくれたりすることも多い。もちろん、それだけであっても大いなる進化であり、画期的なことだとは思う。しかし同時にそこにとどまっていてはならないとも強く思う。ある流通関係者から聞いた話だが、国内販促費と訪日販促費が同じ予算枠で管理されているため、訪日販促に力を入れると、国内販促の担当から恨まれるという笑えない現実もあるという。

ではなぜ、兼務はだめで専任でなければならない、と私は強く思うのか。それは自らの実体験に基づいている。7年前、わがドン・キホーテグループは、2008年夏にインバウンドプロジェクトを立ち上げ、私がその責任者に就任した。しかし、最初の2年間は、実のところ兼務でしかなかった。それゆえ他の業務が忙しくなると、どうしてもインバウンド関連業務に割く時間がなくなった。緊急業務や重要課題が他に出てくるとタイムリーな訪日施策が打てないジレンマもあった。何回も好機を逸して悔しい思いをした。それでも10年からは、インバウンドにほぼ注力できる体制になり、専門人員も増強していたため、大震災の苦境時にも、全力で対策に当たることができ何とか乗り越えることができた。そして13年からはインバウンド専門会社として分社も果たした。取り組める訪日戦略の質と量が異次元に突入した。当然、独立採算制となり責任も増した。他方、同時に国内外での信用も発信力も加速し、成果もきちんとついてきた。

しかし、実のところインバウンドの専門部署の新設だけでは、十分ではない。それは何か。それは、インバウンド領域に限っては、任期を少なくとも5年単位で考えることだと思う。行政分野では今やほとんどの自治体や観光協会で国際観光課や係が出来ている。しかし、専門職員はほぼ皆無である。定期異動によって2～3年、早いと半年一年でいなくなる。インバウンドは海外の専任者との信頼関係なしに発展できない。コロコロと担当が替われば、専任とはいえない。これは民間企業も同じだ。この専門分野において業務に習熟するのに最低3年間はかかる。ようやくイロハを覚えたころで異動していては、国際的信頼関係は構築できない。ちなみに、7年前、私が中国で最初に業務提携を結んだ旅行会社の責任者は、いうまでもなく今も同じ人である。

ビジネスの目的が変わった

TRAVEL JOURNAL
2015.7.6

先日、北関東の山間のある自治体の首長が自らインバウンドによる地域振興戦略のアドバイスを求め当社の狭くて古い社屋に来社された。また、ある数千億規模の上場会社の社長が自ら業務提携の提案に来社された。訪日市場に向ける国内のリーダーの眼差しの真剣さの次元が変わってきたのを実感させられた。

日本は人口急減社会に突入した。07年から8年連続、国内人口は減り続けている。年間約30万人の人口が消えている。20年の東京五輪を過ぎると、年間50万人の人口減、今世紀後半になると年間百万人の人口減が予測されている。減少スピードは今後急加速していく。すでに米国人口統計局（PRB）は日本を人口減少による民族絶滅危機国の一つとして警鐘を鳴らしている。しかしもっと身近で、かつ深刻なのは、生産年齢人口（現役人口＝15歳以上65歳未満）の減少ぶりだ。ちなみに昨年1年間でわが国の生産年齢人口は116万人減った。高齢化・長寿化によって、人口全体は上述のとおり微減だ。しかし、社会を支える生産年齢人口はすでに毎年激減しているのだ。現役人口が減ると、国内需要そのものも当然減っていく。特に人口全体が減っている地方の経済縮小スピードは過酷なものとなる（実際、上述の町は2万人超の人口が今世紀半ばには3分の1に激減するという）。

明治維新以来これまでの150年間、日本では官民共に、国内人口が増えること、すなわち国内市場規模が成長することを前提にしていた。そして、特に戦後は規格大量生産によって生産性を上げ、加工貿易によって外貨を稼ぐことを前提にして国勢をさせてきた。しかし1990年を起点として、現役人口が減り続けている。また、アジアをはじめ世界中の新興国がそうしたジャパンモデルに追随し、わが国の地位を脅かし、日本は今、毎年多額の貿易赤字を垂れ流している。日本を取り巻く環境はすでに一変しているのだ。しかし、いまだわが国の大半の組織人の思考は、高度成長期のパラダイムのままだ。政府が多額の赤字国債を発行し続けることにより、あたかも経済規模が拡大しているかのように演じ続けることで、国民の危機感が麻痺させられている。

かつて世界的経営学者のピーター・ドラッカーはビジネスの目的を、「顧客の創造」と定義した。ビジネスの目的は、売上の最大化でもなく、利潤の最大化でもないというのだ。彼は、売上や利潤は、むしろ未来の顧客創造のための手段に過ぎないと喝破した。今の日本の全産業の企業人に必要なパラダイム、それは国内の擬似的ビオトープ（人工生物生息空間）の枠をかなぐり捨てて、世界中の顧客を最初から相手にする発想法だと思う。すなわち、ツーリズム分野でいえば、国内市場と訪日（インバウンド）市場を分けない、世界と直接向き合う、グローバル・マーケティングの発想法だと思う。

そして、いまビジネスの目的は、はっきりと変わったと思う。ほとんどの企業は自らの組織の存続のために活動している。しかし、今わが国の社会そのものが縮小消滅の危機へと向かっているのだ。社会全体の存続が危うい中で、自社だけが繁栄し続けることは不可能だ。これからは縮みゆくパイを奪い合うのではなく、グローバルな視点に立ち、社会そのものを存続させていくために、千客万来の思想に基づき、観光立国の実現のために、世界中から顧客を集めて事業経営していくべき時代なのだと思う。まさに今、人口急減社会ニッポンのビジネスの目的は、ドラッカーに倣っていえば、「持続可能（サステナブル）かつ最適的な（オプティマル）社会を創造するために、顧客を創造すること」と定義すべきだろう。すなわち、わが国の全組織が、豊かで幸せな社会の創造と存続に貢献するためにこそ、本気でインバウンド市場に取り組むべき時代が到来しているのだと思うのである。

インバウンド依存症という罠《わな》

TRAVEL JOURNAL
2015.8.3

1～5月現在、訪日外客数は754万人、前年比44.9%増だ。このままのペースでいけば、年間1800万人にも手が届く状況だ。消費額もまさにうなぎ上りだ。いわゆる爆買いは上海の株式暴落後も止まらない。宿の稼働率も急上昇、逼迫状況が続いている。業界は笑いが止まらない。いや、笑う暇すらない状況だ。このような活況の中、これまで、インバウンド市場を傍観していた店や宿や自治体も、ライバルのあまりの繁盛ぶりに刺激されて急に目の色を変えて奔走し始めた。

訪日市場の上げ潮の最大の要因は、円安だ。実際、5年前1ドル80円だったレートが今や124円前後。円の価値が大幅に下落した。訪日客からすれば、ホテル・買物・国内運賃すべてが、日本中で毎日凄まじいバーゲンセール実施中というわけだ。また、お隣の韓国がMERS〔中東呼吸器症候群〕で敬遠され、その分東アジアでは日本が国際旅行需要を独占している。

今の訪日市場の状況は、追い風参考の「自然増」に過ぎない。爆買いも外客数急増も当然なのだ。我々の自助努力以上の追い風が吹きまくっている。浮かれている場合ではない。当然、訪日客が増えれば、国内顧客対応は自ずからおろそかになる。無意識のうちにインバウンドにすがる心理も生まれてくる。いつの間にか、インバウンド依存症があちこちで蔓延しはじめている。

そもそも国際観光市場はきわめて脆弱な産業だ。一夜にして状況が激変しかねない市場なのだ。感染症、大災害、国際紛争など、さまざまなイベントリスクが常に潜んでいる。また、急な風向きの変化で、国際為替はいつ大幅な円高に戻るかも知れない。その時、上述のように訪日客対応に集中するあまり、国内顧客を疎かにしていれば、いつの間にか地元のファンは離れてしまうかもしれない。一度離れた国内顧客は容易には戻らない。まさかのインバウンド急減の事態に陥った際、企業の屋台骨に響くほどの深刻な痛手となるかもしれないのだ。

インバウンドに夢中になっているさなか、リアル小売店は外資大手の通販サービスの餌食になっているかもしれない。国内顧客は商品を店頭でみるだけで実際はネットで買うようになるかもしれない（ショールーミング化）。ホテルがインバウンドで満室になっているうちに、室単価も高騰し、どうせ宿泊予約も取れないからと日本人客は次第に宿泊旅行そのものをせず、日帰りの手軽なレジャーにシフトしていくかもしれない。

では、どう考え、どう行動すればいいのか。まず、外客売上分を新規事業として、国内市場売上分を既存事業として捉えて、二分して考える必要がある。インバウンドの売上と利益で、縮小していく国内のそれを補填する考え方は破滅への危険な道だ。今の特需は、新規事業としてきっちり追いかけつつ、国内顧客への対応は手を抜かない。国内を疎かにせず、国内売上だけで昨年実績を割らないという強い意志が必要だと思う。

日々、講演・講義、社業等で全国各地に出かけているが、実に多くの企業や自治体がインバウンド市場に過度に依存し始めている。大型客船の寄港に右往左往し、爆買いに一喜一憂しているうちに、商店街から地元客は遠のき、観光地の宿のサービスは低下する。一番大切な国内マーケット＝既存事業が弱体化しかねない。

まず、具体的に取り掛かるべき行動。それは、まず（1）訪日専門部署を創ること（国内売上と訪日売上を分けて管理する）。次に（2）万が一インバウンドが急減しても、昨年売上を下回らないよう国内市場を強化するための施策を打つこと。（3）訪日客対応で、国内顧客の負荷がかからないよう、万全の対策を講じることなどが挙げられる。これらの体制を整えてこそ、追い風に帆を上げ、安心して更に大胆にインバウンド市場攻略進めていくことが可能になるのだ。

旅館の課題と可能性

TRAVEL JOURNAL
2015.9.7

出張時は、たいていビジネスホテルに泊まる。それでも時おり旅館に泊まることもある。旅館では、夕・朝食は何時、大浴場は何時までと決まっている。夕食時に部屋を空ける際、その間に仲居さんが蒲団を敷いておいてくれる。しかし、チェックイン時に「すぐに横になりたい」といっても、たいがい「今蒲団を敷きに行く人手が無いので」と、やんわり断られる。夕食を遅くとろうとすると、「18時で決まっております」。「今夜遅くまで交流するので朝食は遅めにとりたい」と申し出ても、「朝食は7時半でお願いします」と切り返される。翌朝眠い眼で朝食を食べて自室に戻る。そして、チェックアウトの時間までもう一眠りしようとすると、蒲団は既にさっさと片付けられている。その結果、寝不足の疲れた体で一日を過ごす羽目になる。

ある地方の旅館では、宿泊パックに付いていた朝食を諦めて朝寝していた時、突然、「朝食時間が終わります。片付ける前に来て下さい」と内線で起こされ、熟睡を中断させられた。親切なスタッフの心遣いに、むしろどっと疲れた。そして、その後玄関で女将さんをはじめ従業員諸氏の笑顔のお辞儀の見送りを受け、その宿を出立した。

日本の旅館数はこの25年間で約4割に減少した。観光庁「宿泊統計調査（15年6月）」の宿泊施設タイプ別客室稼働率をみても、旅館の稼働率は33.4%となっており、シティホテルの78.2%、ビジネスホテルの73.1%のそれと比べて、大きく見劣りする。一方、外国人に人気なのが、このRyokan（旅館）だ。実際、『観光白書2015』の宿泊施設タイプ別外国人のべ宿泊数の割合の推移を分析してみると、旅館の外客割合は11年の1.3%から14年の4.2%へと、何と3.23倍もの伸びを示している一方、宿泊施設全体の外客割合は11年の4.4%から14年の9.5%へと、その伸びは2.16倍にとどまっている。外客の旅館への関心が相対的に高まっているのだ。

そもそも、今日本人は宿泊旅行をしなくなりつつある。14 年の日本人ののべ宿泊者数は、前年比1.1%も減った。しかし全体では前年比1.4%も増えている。どういうことか。外客のべ宿泊数が4482 万人泊と、前年比何と33.8%も増えているのだ。これにより外客構成比率は上述のとおり9.5%と増加し、その伸びが日本人の減少を補っている。既述のとおり外客の旅館宿泊の伸びもこれに寄与している。

一方、この伸びと比例し、外客からの、旅館〔特に高級旅館〕への不満の声も増えている。その大半は冒頭の私の不満とかぶる。「高額のわりに、食事の時間が変更できない」、「料理がお仕着せ」、「客室のプライバシー侵害」などなど。では、どうすればいいのか。廉価な宿の解決策はシンプルだ。夕食を省き、地域の食堂を紹介すればいい。朝食は選択制にする。蒲団は予めひいておけばいい。では、高級旅館はどうするのか。一つの事例を紹介したい。私が贔屓にしている房総の小ぶりな隠れ家風の料理旅館の話だ。何が特徴か。寝室はベッド。そして全サービスが選択可能式。浴衣の色、貸切温泉の入浴時間、夕・朝食の時間・席。主菜、デザートの種類。夕食時に残ったお櫃のご飯の対応（夜食用のおにぎり等にしてくれる！）。朝食時の焼魚の種類など、もう枚挙に暇がないほどだ。顧客の過去の選択データが蓄積されているため、お任せでもいいし、指定してもいい。まさに自由自在なのだ。

旅館が、訪日市場で増え続けるＦＩＴ（個人客）を獲得するには、ただ安くするのではなく、付加価値をつけてオプショナルサービスを高く売るべきだと思う。選択制は手間がかかる。しかしその分、お仕着せのサービスで満足しない客層の獲得が可能になる。ゲストのニーズとウォンツに合った柔軟なサービスこそ、本来、日本流の“お・も・て・な・し”の本質だと思う。日本の旅館モデルには無限の可能性がある！

あとがき

先日フランスのパリにでかけた際、パリ在住の邦人に質問した。

「パリの暮らしはいかがですか？」

「悪くないですね。」

「どんな点が悪くないんですか？」

「とにかく、自然災害、天災がない点ですね。地震も、津波も、火山の噴火も、台風も、洪水もない。とにかく根本から生活が脅かされることがないので、ほんとに気楽です。」

美味しいフランス料理、街中にあるカフェ、美しい石造りの歴史的建造物がそのまま残る佇まい。そんなものよりも、何よりも天災の心配をしなくていいという点をフランスの、パリの第一の長所と捉える視点がもの凄く新鮮だった。しかも、これが一人や二人ではない。複数の人々が口々にこの安心感を彼我の差として、語ってくれた。

たしかに、ちょうど私のパリ滞在中、日本では茨城県常総市の鬼怒川の堤防が決壊し、多大な物的被害と尊い命が犠牲になった。パリでも家屋が濁流に流されている映像がセンセーショナルに報道されていた。私自身、ふるさと佐賀県でも台風の大雨によって河川が決壊し、高校からの帰宅中、腰まで濁流に浸かりながら自転車のハンドルを握りしめて必死で家にたどり着いた記憶が今も残っている。さらに幼いころは、自宅の床下まで水害で浸水したことも覚えている。私たち日本人は天災情報にいつも無意識のうちに警戒しながら、暮らしている。先般の東日本大震災の記憶も常に頭から離れない。もちろん、普段の暮らしの中では、たいてい忘れている。しかし、日本人の意識の中には、かすかな音量のBGMのように、たえず天災への潜在的な恐れと潜在意識の中の身構えがある。

それらの心配が一切要らないという感覚、開放感は確かに大きな違いであり、パリ生活の魅力なのかも知れない。日本人は、どんなに美しい建造物も、街並みも、大地震や火山の噴火や津波や洪水や、大火事で流され、焼けてしまうという「諦観」のようなものを持っているようだ。日本では、古いモノは必ずしも大事にされない。古い伝統的な街並みも、美しい景観も、効率とか、便利とか、防災とかいう視点の前では、いとも簡単に壊されてきた。どうせ、また焼けたり流されたりするのだから、常に新しいモノがいいモノで、古いモノはたいして価値はないという考え方だ。当然、被害を受ける前に戻し、元どおりにしようという発想はない。物質的なものだけではない。暮らし方や、価値観もそうだ。時代に合わせて私たちは古い考え方もどんどん捨ててきた。

フランスだけではないが、ヨーロッパでは、古いモノは古いというだけで価値がある。イタリアなど一部では火山もあるが、押しなべてフランスでは、天災がない。それゆえ、なにもしなくても、歴史もひとりでに堆積していく。パリの街は至るところで、ナポレオン三世時代の建物の修復工事が行われており、絶えず美しい景観が保たれている。また、古い建造物は法律で大切に保護され、磨きがかけられている。ため息が出るほど美しい大理石の彫刻が公共的な建造物にはちりばめられており、街中が一つの巨大な美術館となっている。パリ滞在中、私が泊まった名もなきふつうのホテルも、１００年以上前の建物だった。片やわが東京は、関東大震災、太平洋戦争での空襲によって壊滅的な被害があり、戦前の街並がそのまま残っている個所はあまりない。いわんや江戸時代の雰囲気は、絶無に近く、わずかに戦後再建された浅草あたりで少し残っている程度だ。昔の価値観も大きく変化した（大石久和著『国土が日本人の謎を解く』産経新聞出版、２０１５年参照）。

地方の日本は、幸いなことに近代の便利・効率の要求から取り残され、また戦災からたまたま免れて古いモノが比較的残っている。生活文化もそうだ。これは奇跡的に価値があることだ。地方には、観光立国の時代には、むしろ有利かもしれない。

これまでの日本、特に都会は、規格大量生産社会であり、加工貿易で社会を維持発展させてきた。街の景観とか、歴史的景観などはどうでもいい要因であり、安全で便利で効率的であれば、各地のお城の濠なども埋め立てて道路を作り、郊外の田畑は埋め立てられて工場や商業施設が建てられた。洪水対策の治水のため、台風の大波除けのため、河川はコンクリート堤防で固められ、美しい海岸は無残なテトラポッドと堤防で埋め尽くされた。

山という山には送電線や鉄塔が建てられ、市街地は電信柱と電線で青空を覆い尽くされている。観光地に出かけていい写真を撮ろうとしても、ファインダーからこれらの物体をよけるのに神経をすり減らす。それゆえ、旅行雑誌に載っているきれいな日本の風景写真は、ある意味で人為的な捏造写真に近いモノとなる。鉄道に乗っても同じだ。どんなに素敵な観光列車に乗っても、車窓の風景は、電信柱と工場と、新建材の不揃いの住宅群と、コンクリートだらけの海や川や山ばかりだ。

これから、日本が観光立国を実現していくためには、この150年間の近代社会において、われわれが破壊し、変性して来てしまった日本の原風景を取り戻す努力が不可欠だ。これからは風景、景観が富を生む源泉となるのだ。人口減少社会では、スプロール化して広がった郊外の住宅や社会インフラは不要になる。コンパクトシティ化は、公共サービスの効率化、民間のサービス産業の生産性向上の視点からも必須だが、同時に郊外の田園風景、山河の景観を美化し蘇らせる効能もある。

取り戻すべきものは、目に見える風景だけではない。観光立国革命は、私たち日本人の考え方、社会、学校教育、ライフスタイルなど、すべてのパラダイムを丸ごと変え、蘇生させるまさに革命である。今あるすべてのモノ、そしてものの考え方そのものをグローバルな視点に立ち、根本から変えていかなければならない。しかし同時に近代化以前の古き良きものは蘇らせ、取り戻されなければならない。

それは何か。それは、私たちがいつの間にかその価値を忘れてしまった日本固有の伝統、本来の絆（きずな）の力、日本流の公共哲学である。災害列島日本では、たしかに価値あるモノもいつかは流され焼かれるかも知れない。しかし、流されないモノ、流されても、流されても大事に保持すべきものもある。日本は少子化によって、これから未曾有の人口急減社会に突入する。日本そのものが消滅する危機、終わりの始まりの時期に今、私たちの社会はある。日本を持続可能な社会として残していくためには、新しい価値観を取り入れると同時に、工業社会への移行に伴って消失した我が「ふるさと」の感覚の復興、核家族化と共に希薄化した「共同体意識」の再興が必要だ。景観同様、私たちが本来持っていた伝統を取り戻さねばならない。

俳聖・松尾芭蕉は、「奥の細道」の旅の中で見出した自らの俳諧の理念を、「不易流行」という言葉で表した。「不易」とは、変わらざるもの、時代を超えて変わらない不滅の価値。一方、「流行」とは、時代状況の中でまさに「はやり」として新しく生まれる旬の価値のこと。芭蕉は自らの俳諧の理論をまとめた書物『去来抄』で、「不易流行」について、次のように述べた。

「不易を知らざれば基（もと）立ちがたく、流行を知らざれば風（かぜ）新たならず」

【不易＝変わらざるモノがないと、すべての基盤がなくなる。一方「流行」＝今のトレンドへの対応ができていないと淀む】という意味。

芭蕉は、「不易」と「流行」を二者択一のものとしてではなく、相補的、相互補完的なものとして捉えた。今まさにニッポンに必要なもの。それは、「不易」と「流行」の両方の高度なバランスだ。我が国は観光立国に向けて、すべてを変えていかねばならない。まさに革命が必要なのだ。グローバルな視点で日本を超えた世界標準の最新トレンドの「流行」を大胆に取り入れていかねばならない。しかし、同時にニッポンの原点を取り戻し、かつて我々が捨て去ったものを再度「不易」なるものとして、蘇らせなければならないのだ。

インバウンド市場への本格的、全国民的な取り組みこそ、持続可能なニッポン創生のための好機であり、ニッポンの本当の良さを私たち自身が再認識する好機でもある。もちろん、それは単なる経済活動だけにはとどまらない。世界ナンバーワンの観光立国を目指すグローバル戦略は同時に、私たち日本人が自らのアイデンティティを取り戻し、この150年間の近代化の中で失ったすべてのものを取り戻す最大の機会(オポチュニティー)でもある。観光立国革命の実現こそ、我々に残された最後の、そして最強で最高の希望なのだ。

【著者プロフィール】

中村好明（なかむら　よしあき）

株式会社ジャパン インバウンド ソリューションズ　代表取締役社長
ドン・キホーテグループ　インバウンドプロジェクト責任者

1963年、佐賀県生まれ。上智大学出身。2000年㈱ドン・キホーテ入社。広報・ＩＲ・マーケティング・新規事業の責任者を経て、08年7月、社長室ゼネラルマネージャー兼インバウンドプロジェクトの責任者に就任。13年7月、㈱ジャパン インバウンド ソリューションズを設立、その代表に就任。ドン・キホーテグループに加え、国・自治体・民間企業のインバウンド分野におけるコンサル業務、教育研修事業、プロモーション連携事業に従事。

日本インバウンド教育協会理事。ハリウッド大学院大学および神戸山手大学客員教授。日本ホスピタリティ推進協会グローバル戦略委員長。全国免税店協会副会長。著書に『ドン・キホーテ流 観光立国への挑戦』（メディア総合研究所、2013年）、『インバウンド戦略』（時事通信社、2014年）、『接客現場の英会話　もうかるイングリッシュ』（朝日出版社、2015年）がある。